JN428310

보물섬의 비밀

검은턱수염의 정체

보물섬의 비밀

검은턱수염의 정체

유우석 장편동화 | 주성희 그림

창비

차례

꽃섬 전망대

병풍산
바위 해변

꽃섬
전망대
치암산
산호네 식당
선착장
염전
소금 창고
용난섬

1. 전설의 섬

꽃섬이 때아닌 몸살을 앓고 있습니다. 꽃섬에 보물이 묻혀 있을 가능성이 높다는 연구 결과가 알려지면서 사람들의 발길이 부쩍 잦아졌기 때문입니다. 오랫동안 보물선을 연구한 안광식 고고학 박사의 말을 들어보겠습니다.

"꽃섬 근처에서 1323년에 침몰한 배를 건져 올렸을 때, 온갖 보물과 함께 항해 일지가 발견되었습니다. 물속에 잠겨 있던 그 문서는 훼손이 심해 복원하는 데 시간이 오래 걸렸습니다. 최근에 복원을 마친 항해 일지를 분석해 보니, 뒤따르던 배가 한 척 더 있었다는 사실이 밝혀졌습니다. 아직 발견되지 않은 그 배에 실려 있던 보물들은 꽃섬 근처에 가라앉았거나 조류에 의해 꽃섬으로 떠밀려

왔을 것으로 짐작되고 있습니다."

주민 이영길 씨의 말에 따르면, 꽃섬 어딘가에 보물이 묻혀 있다는 전설이 오래전부터 전해져 왔다고 합니다.

"꽃섬은 보물섬이라는 말을 들으면서 자랐는데 그 말이 사실이었나 봐요. 칠십 평생 꽃섬에 살면서 이렇게 많은 외지인을 본 적은 처음입니다."

이처럼 보물을 찾으려는 사람들의 발걸음이 끊이질 않고 이어지면서, 스무 가구밖에 살지 않는 작고 아름다운 섬이 훼손되지 않을까 걱정하는 목소리가 커지고 있습니다.

지난봄부터 꽃섬에 사람들이 붐볐다. 보물 찾는 사람들을 태운 배들이 조그만 선착장으로 시도 때도 없이 들어오고 나갔다. 대부분 처음 보는 배들이었다. 찾아오는 사람이 적어서 잘 다니지 않던 여객선도 주말마다 두 번씩 꼬박꼬박 나타났다.

보물을 찾으러 온 사람들이 잘 곳도, 먹을 곳도 마땅치 않았다. 농사짓던 할머니, 할아버지 들은 돈을 받고 뭍사람들에게 안방을 내놓았다. 밥을 해 주기도 했다. 당연히 우리 할머니 식당에도 손님이

많아졌다.

보물을 찾는 사람들은 대부분 등 뒤에 커다란 등산 가방을 메고, 손에 괭이나 삽을 들고 있었다. 그들은 바다가 내려다보이는 전망대에 올라 휘 둘러본 후 바닷가를 한 바퀴 돌고 병풍산에 올라갔다.

어떤 사람들은 양손에 기역 자 모양의 쇠꼬챙이 하나씩을 들고 산에 오르기도 했다. 보물 가까이에 가면 쇠꼬챙이가 좌우로 흔들린다고 했다. 또 어떤 사람은 청소기처럼 생긴 금속 탐지기를 들고서 온종일 바닷가나 산 구석구석을 돌아다녔다. 하지만 보물이 발견되었다는 이야기는 들리지 않았다. 누군가

보물을 발견했다면 그 소식을 내가 듣지 못했을 리 없다. 우리 할머니 집은 선착장과 가깝기도 했고, 하나밖에 없는 식당이라 누구나 한 번쯤은 들르는 곳이었다. 꽃섬에서 떠도는 소문은 우리 할머니 식당을 벗어나지 못했다.

많은 사람이 다녀갔는데도 보물이 발견되지 않은 것을 보면 보물이 없을 수도 있었다. 태풍 몰아치듯이 모여들던 사람들이 조금씩 줄어들었다. 하지만 여전히 적지 않은 사

람들이 꽃섬을 찾아왔다.

보물이 묻혀 있다는 소문이 돌기 전에는 외지인 대부분이 바다낚시를 하러 오는 사람들이었다. 가끔 섬 이름 때문에 매우 아름다운 섬이라고 착각해서 찾아오는 사람들도 있었다. 온 사방에 꽃이 있을 거라고 생각했던 것이다. 하지만 꽃섬은 꽃이 많지도 않고 주변 환경도 별다를 게 없는 작은 섬일 뿐이었다.

꽃섬에는 스무 가구 정도가 살았다. 얼마 전 이사를 온 현민이와 나를 빼면 전부 다 할아버지, 할머니였다. 식당을 하는 우리 할머니, 낚싯배를 모는 현민이네 할아버지, 염전을 하는 할아버지를 빼고는 대부분 농사를 지었다. 가끔 바닷가에서 굴을 캐고, 칠면초 같은 풀을 캐서 내다 팔기도 했다.

염전 할아버지는 몇 해 전에 꽃섬으로 들어왔다. 할아버지라고 부르기에는 젊은 편이었지만 그렇다고 아저씨라고 하기에도 애매해서 그냥 할아버지라고 불렀다. 선착장을 나서면 삼거리가 있는데, 거기에서 오른쪽으로 쭉 올라가면 우리 할머니 식당이 나오고 왼쪽으로 가면 염전이 나왔다. 나무로 지은 소금 창고가 길가에 바짝 붙어 있었고, 그 너머로 염전이 펼쳐져 있었다.

염전 할아버지는 수줍음을 잘 타는지 사람이 많은 곳에 잘

오지 않았다. 길게 늘어진 두 눈은 '나는 수줍음이 많은 사람이오.'라고 말하는 것 같았다. 나도 말 한마디 나누어 보지 못했다.

"염전 할아버지는 혹시 말을 못 해요?"

언젠가 나는 고고 할아버지에게 물어보았다.

"아니, 못 하진 않지만 예전에 사고를 당해서 말하는 게 힘들다고 하더라."

"할아버지는 어떻게 알았어요?"

갑자기 고고 할아버지가 밥 먹는 시늉을 했다.

"밥요?"

"봐, 너도 금방 알잖아."

고고 할아버지가 웃었다.

"그래도 많이 답답할 것 같아요. 심심하고."

"괜찮아. 소금밖에 모르는 사람이야. 소금이 보물이라고 하더라."

예전에는 꽃섬 깊숙한 곳까지 바닷물이 들어왔고, 제법 큰 염전이 있었다고 했다. 하지만 소금 농사를 짓는 사람이 없어져서 오랫동안 쓸모가 없었단다. 염전 할아버지가 꽃섬에 들어와서 예전 염전을 되살리는 중이라고 했다.

고고 할아버지는 염전 할아버지와 가끔 이야기를 나눈다고 했다. 나도 길가에서 두 할아버지가 이야기하는 모습을 본 적이 있다. 그때도 염전 할아버지가 손을 많이 움직였다.

"염전 할아버지는 눈이 이렇게 생겼어요."

나는 내 눈을 옆으로 죽 늘였다.

"정말 똑같구나. 나는 여우의 눈처럼 생겼다고 생각했는데."

고고 할아버지는 손뼉을 치며 크게 웃었다. 내가 한 말을 염전 할아버지에게 전해 주겠다고 했다. 고고 할아버지는 염전 할아버지와 친했다. 아마 집도 가깝고 나이도 비슷해서 그런

것 같았다. 하지만 생긴 모습은 전혀 달랐다. 염전 할아버지는 가녀린 모습이지만 고고 할아버지는 진짜 힘센 어른 같았다.

참! 고고 할아버지도 몇 년 전에 우리 마을에 들어왔다. 고고 할아버지라는 이름은 내가 붙였다. 고고학자라고 해서 고고 할아버지라고 불렀다.

몸이 좋지 않아 요양을 하러 꽃섬에 왔던 고고 할아버지는 건강을 많이 되찾았지만 아직 할 일이 남아 꽃섬에 머물고 있었다. 고고 할아버지는 옛날 뱃길에 대해서 연구하는 중이라고 했다. 뱃길을 알아보려면 배를 타고 다녀야 할 것 같지만, 고고 할아버지는 바다 대신 꽃섬 구석구석을 돌아다녔다.

고고 할아버지는 꽃섬 사람이나 마찬가지였다. 마을 사람들은 고고 할아버지를 각별하게 여겼다. 고고 할아버지는 꽃섬을 세상에 알리는 사람이었다. 육지 사람이 오면 꽃섬을 소개해 주고, 이곳저곳을 안내해 주기도 했다.

얼마 전에는 고고 할아버지가 수중 문화재 보호 협회라는 곳에 건의해서 꽃섬 사람들이 육지 여행을 갈 수 있게 되었다. 고고 할아버지는 꽃섬 근처에서 엄청난 문화재가 발견된 만큼 섬을 지키는 사람들에게도 혜택이 있어야 한다고 주장해서 지원금을 받아 냈다.

여행을 하고 남는 돈은 안마기를 사서 마을 회관에 두기로 했다. 사람들은 고고 할아버지를 볼 때마다 마을을 위해 애써 줘서 고맙다고 했다.

고고 할아버지는 가끔 다른 할아버지들과 둘러앉아 꽃섬에 대한 이야기를 나누었다. 고고 할아버지는 꽃섬의 옛이야기를 듣고 싶어 했다. 옛이야기를 들으면 어른 손바닥만 한 수첩에 부지런히 적었다. 그렇게 모은 조그만 이야기들이 꽃섬 주변의 옛날 뱃길을 알 수 있는 중요한 단서가 된다고 했다. 빛바랜 하늘색 수첩은 고고 할아버지의 보물이었다.

고고 할아버지는 꽃섬에 대해 정말 많이 알았다.

"왜 꽃섬인지 아니?"

한번은 나에게 이렇게 물었다.

"꽃이 많아서요."

말해 놓고도 이상했다. 꽃섬에는 꽃이 별로 없었다. 기껏해야 바닷가에 해당화만 조금 피어 있을 뿐이었다. 할아버지가 웃었다.

"그게 아니고, 꽃섬을 멀리서 바라보면 이렇게 두 개의 산이 볼록하게 솟아 있어. 그 모양이 꼭 꽃봉오리처럼 생겼다고 해서 꽃섬이야."

고고 할아버지는 두 손을 꽃봉오리처럼 만들었다.

"서쪽에 있는 산이 병풍산이고, 동쪽에 있는 산이 치암산이야."

"알아요. 우리 식당 뒤에 있는 산이 치암산이잖아요."

"그래. 근데 왜 치암산인 줄 아니? 병풍산은 알 테고."

"아니요."

병풍산은 바람을 막아 주는 산이란 뜻인 줄 알았지만 치암산에 담긴 뜻은 짐작할 수 없었다.

"치암산의 원래 이름은 부엉이산이야. 올라가 보면 부엉이를 닮은 아주 큰 바위가 있거든."

"정말요? 한 번도 못 봤는데요."

예전에 치암산에 올라간 적은 있지만 부엉이바위를 보지는 못했다.

"본 적이 있을 거다. 부엉이바위인지 몰랐겠지만. 육지에서 배를 타고 여기로 오다 보면 가장 눈에 띄는 것이 부엉이바위란다. 부엉이가 두 눈 부릅뜨고 꽃섬에 누가 오나 감시하는 것처럼 보이지."

고고 할아버지는 허리를 펴며 아래를 내려다보는 시늉을 했다. 나도 꽃섬에 대해 좀 안다고 생각했지만 고고 할아버지의 이야기를 듣다 보면 모르는 게 너무 많았다.

"부엉이가 꽃섬을 지켜 주나 봐요."

"그럼, 부엉이바위를 보면 오싹해지는 기분이 들 때도 있어."

"치, 할아버지는 나쁜 사람도 아닌데요, 뭘."

왠지 부엉이바위는 좋은 사람과 나쁜 사람을 구별할 수 있을 것 같았다.

"하하, 그래. 그리고 꽃섬을 지키는 건 부엉이 말고도 또 있어."

나는 동그랗게 눈을 떴다.

"선착장에 가서 보면 앞에 섬이 보이지?"

선착장을 떠올려 보았다.

"그 섬 이름이 뭔지 아니?"

"용난섬요."

"왜 용난섬인지 아니?"

용난섬이란 말을 들어 보기는 했지만 뜻까지는 생각해 보지 않았다.

"용난섬, 용이 난 섬이란 뜻이야."

"아!"

생각보다 쉬웠다.

"그런데 여기에도 비밀이 있단다."

고고 할아버지는 용난섬의 전설을 이야기해 주었다.

"다섯 개의 섬에 다섯 마리의 이무기가 살았단다. 그중에서 가장 큰 이무기가 살던 곳이 용난섬이지. 용난섬에 자리를 잡은 이무기는 용이 되어 하늘로 올라갔단다. 이무기가 하늘로 올라간 굴이 바로 용난굴이야. 하지만 나머지 네 마리 이무기는 하늘로 올라가지 못했단다. 그 이무기들이 살던 섬은 깎이고 깎여 물속에 잠기고 말았지. 하지만 완전히 없어진 것은 아니어서 큰 배를 타고 오갈 때는 조심해야 한단다. 배 밑바닥이 그곳에 부딪히면 배가 침몰할 수도 있으니까."

고고 할아버지는 꽃섬 구석구석뿐만 아니라 물속까지도 훤히 알고 있었다.

고고 할아버지는 우리 식당에 자주 왔다. 손님과 같이 오기도 했다. 할머니는 돈을 벌어서 좋았고, 나는 재미있는 이야기를 들을 수 있어서 좋았다. 가끔 고고 할아버지가 진짜 우리 할아버지라면 좋겠다는 상상을 했다.

고고 할아버지는 꽤 유명한 사람이라고 했다. 고고 할아버지를 찾아오는 손님이 끊이지 않는 것을 봐도 알 수 있었다. 손님 중에는 일본 사람도 있었다. 고고 할아버지가 일본 사람과 일본 말로 이야기할 때는 괜히 기가 죽었다. 그럴 때는 마치 다른 세계에 사는 사람 같았다.

"할아버지, 뭐 해요?"

언젠가 할머니 심부름으로 식당 뒷마당에 갔더니 고고 할아버지가 폴짝폴짝 뛰고 있었다.

"어? 아무것도 아니다. 여기 뭐 하러 왔니?"

고고 할아버지는 놀란 듯 보였다.

"할머니가 간장 항아리 가져오라고 해서요."

나는 조그만 항아리들의 뚜껑을 열어 보았다.

"근데 왜 콩콩 뛰고 있었어요?"

"어…… 그게 말이다. 혹시 꽃섬에 굴이 있나 알아보는 거야."

"네? 굴요?"

"꽃섬이 화산 폭발로 생겼다는 기록이 있어. 화산 폭발로 생겼다면 지하에 마그마가 흐르던 길이 남아 있을 텐데, 이렇게 뛰어 보면 길이 있는지 없는지 알 수 있거든."

"진짜요?"

나는 간장 항아리 찾는 것을 그만두고 콩콩 뛰어 보았다.

"내가 이미 뛰어 봤잖아."

고고 할아버지가 나를 보며 웃었다. 나도 따라 웃었다.

뒷마당에서 나온 고고 할아버지는 바닷가가 내려다보이는 창가 자리에 앉았다. 나는 간장 항아리를 할머니에게 주고 고고 할아버지 앞에 앉았다.

"할아버지, 진짜 보물이 있을까요?"

의자를 바짝 당겨 앉았다.

"신문에 났으니 있을 수도 있겠지."

고고 할아버지는 물을 한 모금 마셨다. 그리고 다시 창밖 바다를 바라보았다. 보물에 별로 관심이 없는 듯했다.

"현민이 알죠? 얼마 전에 이사 온 애."

"그럼, 알다마다. 꽃섬의 소중한 보물들을 모를 리가 있나."

고고 할아버지가 나를 바라보았다. 그러고는 한쪽 눈을 찡긋했다. 괜히 기분이 좋아졌다.

"현민이랑 같이 보물을 찾는 중이에요."

아무에게도 말하지 않은 비밀이었다. 하지만 고고 할아버지에게는 말하고 싶었다.

"그래? 그래서 보물을 찾았니?"

내 말에 관심이 생겼는지 고고 할아버지가 허리를 숙여 다가왔다.

"아직 못 찾았어요. 하지만 꼭 찾을 거예요."

"산호야!"

고고 할아버지가 갑자기 낮은 목소리로 나를 불렀다.

"한꺼번에 너무 많은 걸 가지려고 욕심내면 안 돼. 땀 흘려 노력해서 좋은 결과를 얻어야 보람도 느끼는 거란다."

나는 뭐라고 대꾸할 수가 없었다. 할아버지는 다시 고개를 돌려서 바다를 바라보았다. 하지만 기분이 좋아졌다. 고고 할아버지가 나를 아껴 준다는 느낌이 들었다. 진짜 친할아버지처럼.

2. 할머니의 노래

진짜 우리 할아버지는 몇 년 전에 실종되었다. 내가 꽃섬에 들어오기 전에 일어난 일이었다.

"워낙 마당발이라 마을 사람 일은 모두 챙기고 다녔어. 젊었을 때는 몇 달씩 집을 비우고 다녀 속을 썩이더니, 꽃섬에 들어와서는 진득하니 집에 있는 날이 많아 정신을 차리나 싶었지."

"그럼 할머니도 이사 온 거네?"

나는 할머니가 꽃섬에서 태어난 줄 알았다.

"그럼, 언젠지 기억도 안 나네. 여기 오기 전에 너희 할아버지가 몇 달 집을 비웠다가 나타나더니 갑자기 꽃섬에 가자는 거야. 와서는 떡하니 식당을 지었지. 네 아빠도 여기 살다가 도시로 나갔지."

"그럼 이 식당이 그때 지어진 거네?"

"그때가 참 좋았지. 네 할아버지는 마을 일이라면 물불 안 가리고 나섰어. 하루는 어떤 영감이 세상을 떠나서 산소 자리 알아본다고 나가더라고."

할머니는 그 시절로 돌아가는 듯했다.

"그래서?"

"그게 마지막일지는 꿈에도 몰랐지. 며칠이 지나도 집에 들어오지 않는 거야. 젊은 시절에 하도 그런 일이 많아 처음에는 대수롭지 않게 생각했지. 며칠 지나면 오겠지, 돌아오겠지 하면서."

"그런데 안 돌아온 거야?"

"열흘쯤 지났나? 이 좁은 섬 바닥에서 갈 데가 어디 있어. 그래서 찾아 나섰지."

"찾았어?"

"사흘 밤낮을 찾아다녔는데 못 찾았어."

그때 할머니뿐만 아니라 도시에 살던 아빠도 와서 꽃섬 구석구석을 살펴보았지만 할아버지를 찾지 못했다. 하지만 할머니는 아직도 할아버지가 어딘가에 살아 있을 거라고 믿었다.

할아버지가 언제 돌아올지 모른다며 식당을 비우지 않았다.

"네 할아버지가 노래를 잘했어. 해가 뉘엿뉘엿 질 때면 저기 지 자리에 앉아서 노래를 불렀지."

할머니는 창가의 의자를 가리켰다. 나는 할아버지가 바다를 바라보며 노래 부르는 모습을 상상해 보았다.

"무슨 노래?"

"무슨 노래긴. 텔레비전에서 나오는 노래도 부르고, 만들어서도 부르고."

할머니가 부르던 노래가 떠올랐다. 할머니는 손님이 없을 때 바다를 바라보며 노래를 불렀다.

"할머니도 노래 잘하잖아."

"내가 무슨 노래를 잘해? 네 할아버지가 억지로 시키는 바람에 몇 곡 배워서 하는 거지."

할아버지가 할머니에게 노래를 가르치는 모습을 상상했다. 한 소절, 한 소절 알려 주었을까?

"할머니, 노래 한번 불러 줘."

"부끄럽게 왜 그래?"

나는 할머니가 즐겨 부르던 노래를 알고 있었다. 제목은 모르지만 흥얼흥얼 따라 할 정도는 되었다.

하지만 할아버지는 잘 기억나지 않았다. 아주 어릴 때 본 적이 있지만 기억이 가물가물했다. 내가 이곳에 왔을 때는 할아버지가 실종되고 몇 달이 지나서였다.

아빠는 더 열심히 돈을 벌어야 엄마와 같이 살 수 있다고 했다. 마침 할머니도 혼자 계시니 중학교 올라갈 때까지만 할머니와 지내라고 했다. 그때까지 열심히 일해서 꼭 우리 가족이 같이 살 수 있도록 하겠다며. 엄마, 아빠와 같이 살 수 있다는 말에 나는 아무 말도 하지 못하고 이곳에 왔다.

> 많고 많은 섬들 중에
> 꽃 같은 섬에 와서 꽃 같은 임을 만나
> 꽃같이 오순도순 살자고 약속했지요
> 부엉이 만나거든 내 임이 어디 있나 물어보구려
> 큰 소리로 외쳐 보오 내 임아 내 임아

할머니가 의자에 걸터앉아 노래를 불렀다. 엄마와 아빠 생각을 하다가 나도 모르게 흥얼흥얼 할머니 노래를 따라 불렀다.

그때 고고 할아버지가 문을 열고 식당 안으로 들어왔다. 할머니는 노래를 멈추고 자리에서 일어나 주방 쪽으로 갔다.

"따뜻한 커피 한 잔만 주세요."

고고 할아버지는 할머니가 앉았던 창가 의자에 앉았다. 바다를 내려다보기에 가장 적당한 자리였다.

나는 고고 할아버지 곁으로 갔다. 너무 욕심을 내지 말라던 고고 할아버지의 말이 떠올랐다. 괜히 내가 욕심 많은 사람이 된 것 같아 마음이 편치 않았다. 그것도 고고 할아버지에게.

"하지만 누군가에게 발견될 보물이라면 제가 발견하는 게 좋잖아요."

한참 만에 보물을 찾는 이유를 겨우 찾아내 말을 걸었다. 나를 멀뚱멀뚱 바라보던 고고 할아버지의 얼굴에 곧 웃음이 번졌다. 고고 할아버지가 내 쪽으로 허리를 숙였다.

"제발, 그러기를 기도하마."

고고 할아버지가 눈웃음을 지어 보였다.

"만약 찾아내면 조금 나눠 드릴게요."

"아이고, 우리 산호 덕에 부자 되겠는데."

"그런데 할아버지는 고고학자니까 보물에 대해서 알고 있는 거 없어요?"

"글쎄, 별로 생각 안 해 봤는걸."

"마음만 먹으면 보물은 할아버지가 제일 먼저 찾을 텐데."

고고 할아버지는 커피를 다 마시고도 한참이나 머물다 갔다. 나는 창가에서 고고 할아버지가 보던 바다를 바라보았다. 바다와 구름이 발갛게 물들었다.

다시 할머니의 노랫소리가 들렸다. 나는 칠백 년 전 꽃섬 앞바다를 지나다가 난파되었다는 보물선을 상상해 보았다.

온갖 보물을 실은 배가 일본으로 간다. 하지만 거센 바람이 불어 대고 거친 파도도 그치지 않는다. 배에 탄 사람들은 어쩔 수 없이 잠시 배를 댈 곳을 찾아보지만 마땅치 않다. 거센 바람 때문에 배가 마음대로 움직이지 않는다. 그때 꽃섬을 발견한다. 사람들은 눈앞에 보이는 꽃섬에 어떻게든 배를 대려고 한다. 하지만 하필이면 꽃섬 앞바다는 물살이 센 곳. 보물선은 꽃섬을 눈앞에 두고 가라앉는다.

큰 배를 뒤따르는 작은 배 한 척이 더 있다. 작은 배는 이리저리 흔들리지만 가라앉지 않고 꽃섬에 닿는다. 기진맥진한 사람들이 작은 배에서 보물을 내린다. 그리고 아무도 모르는 곳에 숨긴다.

"괜히 헛고생만 죽도록 했네."

식당 문이 열리는 소리와 함께 굵은 어른 목소리가 들렸다. 상상하던 보물선은 사라져 버렸다. 할머니의 노랫소리도 끊겼다.

"낚시나 할걸. 괜한 욕심 부렸다가 고생만 했네."

모자를 쓴 어른들이 우르르 들어왔다. 모두 일곱 명이었다.

알아서 4인용 식탁 두 개를 붙여서 앉았다.

"할머니, 여기 매운탕 좀 주세요. 먼저 소주 두 병 주시고요."

나는 얼른 소주와 잔 일곱 개를 가져갔다. 아저씨들이 기특하다는 눈길로 나를 바라보았다.

"할머니, 혹시 보물 어디 있는지 아세요?"

한 아저씨가 모자를 벗으며 물었다.

"보물이 어디 있는지 알면 내가 여기서 밥하고 있겠어? 보물 가지고 저 멀리 좋은 데 가서 호강하고 살지."

"할머니, 여기 사는 게 호강이에요. 나가면 더 고생이에요."

"그럼 댁들도 여기 살던지, 호강하면서."

"할머니, 센스 있으시네."

아저씨들은 시끌벅적하게 보물 이야기를 하며 매운탕을 먹었다.

정말 꽃섬에 보물이 있다면, 그게 발견되는 건 시간문제였다. 꽃섬을 한 바퀴 도는 데 하루면 충분했다. 많은 사람이 보물을 찾다 보면 언젠가는 발견될 수밖에 없었다. 나는 마음이 급해졌다. 혹시 놀러 온 사람이 보물을 찾는다면 억울할 것 같았다.

손님들이 음식을 다 먹고 밖으로 나갈 때 식당 문이 쾅 소리를 냈다. 나는 우두커니 있다가 깜짝 놀랐다. 바람이 부는 날이면 식당 문은 더욱 큰 소리를 내며 닫혔다.

“할머니, 저 문 고쳐야겠다.”

“놔둬라. 요즘 귀가 어두워져서 저 소리라도 나니까 손님이 오면 온 줄 알고, 가면 간 줄 아니까.”

3. 현민이와 함께

현민이는 몇 달 전에 이곳으로 왔다. 현민이는 얼굴이 뽀얗고 통통했다. 쌍꺼풀진 눈 때문인지 똘똘해 보인다고 할아버지, 할머니 들에게 인기가 좋았다.

현민이는 곧 도시로 돌아갈 것 같았다. 엄마와 아빠가 같이 사업을 하는데 얼마 전부터 사업을 넓혀 외국과도 거래를 한다고 했다. 그래서 외국에 나갈 일이 잦아져 잠시 현민이를 할아버지 집에 맡겼다고 했다. 사업이 안정되면 현민이를 데려갈 거라고 했다.

현민이는 엄마, 아빠와 함께 했던 일들을 자랑삼아 이야기했다. 집에 있던 시간보다 나들이한 시간이 훨씬 많았다고 했다.

하루도 가만있지 않았던 것 같았다. 심심할 틈도 없이.

현민이는 이곳으로 온 덕분에 조금 덜 바빠졌고, 나는 현민이 덕분에 조금 바빠졌다. 하지만 불안했다. 현민이가 언제 도시로 돌아갈지 알 수 없어서.

현민이네 할아버지는 제법 큰 배와 조그마한 배를 한 척씩 가지고 있었다. 큰 배는 꽃섬에 사는 사람이 모두 타도 될 정도였다. 주로 낚시하러 오는 사람들을 태우고 다녔다. 작은 배는 노를 저어서 가는 배였다.

"저기 봐. 저기에서 배가 이쪽으로 지나간다."

현민이와 나는 전망대에서 바다를 바라보았다. 예전에 바닷속에서 보물이 발견된 일을 기념하여 만든 전망대였다. 보물 찾는 사람들이 꼭 올라와 보는 곳이었다. 내가 손가락으로 가리킨 오른쪽은 중국, 왼쪽은 일본 방향이었다.

"파도가 친다고 생각해 봐. 앞에 가던 큰 배는 가라앉고."

바다를 보며 당시 상황을 상상해 보았다.

"진짜 무서웠겠다. 나 같으면 어휴, 생각도 하기 싫어."

현민이는 몸서리를 쳤다. 쌍꺼풀진 눈이 귀여웠다.

"그래도 보물을 지키려고 하지 않았을까?"

"보물이 문제야? 어떻게든 살고 봐야지."

"하지만 보물을 잃으면 안 되잖아."

말을 해 놓고 보니 보물을 꼭 끌어안고 물속으로 가라앉는 사람들의 모습이 그려졌다.

"그래도 살아야지. 보물이야 나중에 찾으면 되지."

현민이가 아무렇지도 않게 대꾸했다. 현민이 말이 맞는 것 같았다.

"중요한 건 그게 아니야. 큰 배를 따라오던 작은 배가 운 좋게 저기에 도착한 거야."

손가락으로 바위로 된 바닷가를 가리켰다. 하지만 바닷가 아래쪽까지 보이지는 않았다.

"빨리 내려가 보자."

우리는 전망대에서 내려왔다. 하지만 바닷가로 가는 길은 험했다. 사람들의 발길이 잘 닿지 않는 곳이었다. 경사가 급해서 내려가기가 힘들었다.

간신히 내려갔지만 바닷가에는 큰 바위들만 있을 뿐, 그 흔한 모래는커녕 자갈도 찾기 힘들었다.

"야, 그 사람들은 재수도 없었네. 하필이면 여기로 올 게 뭐야. 조금 더 저쪽으로 가면 평평한 모래가 얼마나 많은데."

현민이는 계속 투덜거리기만 할 뿐 어디를 디뎌야 할지 몰라 앞으로 나아가지 못했다.

"날 따라와 봐."

그나마 나는 울퉁불퉁한 길이 익숙했다. 오른발을 디디면 왼발을 디뎌야 할 곳이 보였다. 그래도 조심조심 걸어서 바다 가까운 곳의 큰 바위 위에 섰다. 거센 바람이 불었다. 그 바람만큼이나 센 파도가 바위에 부딪치며 하얀 거품을 만들어 냈다.

"바닷물 봐. 더럽다."

현민이 말처럼 바닷물은 흙을 섞어 놓은 듯했다. 멀리 보이는 바다는 푸른빛을 띠었지만 바닷가의 물은 깨끗하지 않았다. 옅은 황토색이었다. 현민이는 바닷물이 깨끗한 푸른색이라고 생각했던 모양이었다.

“바다에 빠진 보물은 찾기 힘들겠다. 물속에 들어가도 안 보이겠다.”

나는 작은 배가 우리가 서 있는 곳 근처로 왔을 것 같았다. 분명히 칠백 년 전에도 이 바위는 있었을 것이다.

“만약에 보물을 실은 배가 여기에 왔으면…….”

나는 우리가 왔던 길을 돌아보았다. 작은 배에서 내린 사람들은 보물을 들고 우리가 내려왔던 길로 올라갔을 것 같았다.

“어떻게 보물을 끌고 저 높은 곳에 올라가? 힘도 없었을 텐데.”

현민이도 우리가 지나온 가파른 길을 올려다보았다.

다시 주변을 둘러보았다. 바위들이 우리를 둘러싸고 있었다. 절벽 높은 곳 군데군데 방풍이 보였다. 사람의 손이 닿는 곳이었다면 벌써 누군가 캐 갔을 것이다. 절벽 아래쪽에는 큰 바위끼리 만나서 생겨난 굴이 있었다. 꽤 깊고 어두컴컴했지만 보물을 숨겼다면 벌써 발견되고도 남을 곳이었다.

“올라가 보자. 분명히 이쪽으로 갔을 거야.”

우리는 왔던 길로 다시 올라갔다. 보물 상자를 들고 낑낑거리며 올라가는 사람들의 모습을 상상하면서.

“이 근처에 숨겼을 텐데.”

분명히 우리 가까이에 보물이 있을 것 같은 예감이 들었다.

어쩌면 우리가 보물이 숨겨진 곳을 지나쳤을 수도 있었다. 마치 수수께끼를 푸는 것 같았다. 아무리 생각해도 답을 알 수 없지만 알고 나면 너무 쉬운 수수께끼를.

우리는 꽃섬의 두 꽃봉오리 중 하나인 병풍산으로 올라갔다.

실제로 병풍산은 병풍처럼 솟아 있어 마을 쪽으로 불어오는 바람을 막아 준다고 했다. 날씨 좋은 날 병풍산에 올라가면 먼바다까지 보였다. 멀리 무인도도 보였다.

다른 꽃봉오리인 치암산 기슭에는 우리 식당이 있고, 가까운 곳에 선착장이 있었다. 맑은 날 치암산에 올라가면 멀지 않은 곳에 육지가 보였다. 우리 섬과 육지 사이에 있는 조그만 용난섬도 잘 보였다. 야트막한 산이 전부인 용난섬은 사람이 살지 못했다. 예전에 고고 할아버지가 이야기한 전설이 깃든 섬이었다.

해는 제법 따가웠다. 하지만 시원한 바람 때문에 땀이 금방 식었다. 우리는 아무 말도 하지 않고 산을 올랐다. 원래부터 병풍산을 오르는 좁은 길이 있었지만 요즘은 사람들이 하도 많이 올라서 그런지 길이 아주 뚜렷하게 나 있었다.

병풍산은 그리 높지 않았다. 정상에 올라서자 전망대보다 더 멀리 보였다. 바람이 이마를 쓸고 지나갔다.

"그냥 올라오기도 힘든데 보물 들고 어떻게 여기까지 올라와?"

현민이가 두 손으로 무릎을 짚었다.

"우리 조금만 쉬었다 가자."

큰 나무 밑에 바위 몇 개가 듬성듬성 놓여 있었다. 현민이와 나는 바위를 의자 삼아 걸터앉았다.

"너, 꽃섬이 왜 꽃섬인 줄 알아?"

갑자기 고고 할아버지의 이야기가 생각났다.

"꽃이 많아서 꽃섬 아니야?"

나는 현민이를 보며 웃었다. 그리고 고고 할아버지가 해 준 이야기를 현민이에게 들려주었다. 꽃섬이 왜 꽃섬인지부터 치암산이 왜 치암산인지, 용난섬의 억울한 이무기에 대한 이야기까지 자세하게 해 주었다.

"우와, 꽃섬이 아니고 전설의 섬이네."

현민이는 입을 다물지 못했다.

"어, 잠깐……."

현민이가 갑자기 배를 움켜쥐었다.

"왜? 어디 아파?"

벌떡 일어나 현민이한테 갔다. 현민이는 잔뜩 찡그린 얼굴로 주위를 두리번거렸다.

"너 혹시 휴지 있어?"

그제야 알아차렸다.

"없어. 조금만 참아. 얼른 내려가자."

나는 내려갈 채비를 했다. 하지만 현민이가 내 손을 꼭 잡고 고개를 흔들었다. 현민이의 진지한 표정에 자꾸 웃음이 나왔다.

"조금만 기다려. 금방 볼일 보고 올게."

현민이는 배를 잡고 콩콩 뛰어서 조금 떨어져 있는 제법 큰 바위 뒤로 사라졌다.

"으악! 이게 뭐야?"

바위 뒤에서 현민이의 목소리가 들렸다. 나는 얼른 뛰어갔다.

"윽, 냄새. 여기 누가 똥 쌌나 봐."

현민이는 신발 바닥을 땅에 박박 비벼 댔다. 그래도 볼일은 봐야 한다며 조금만 기다리라고 했다.

나는 다시 돌아와 바위에 앉았다. 현민이의 모습이 재미있어 혼자서 웃었다. 아마 다른 사람도 우리처럼 보물을 찾으러 왔다가 볼일이 급해서 바위 뒤쪽으로 갔던 것 같았다.

문득 우리가 지나온 길은 이미 다른 사람들이 몇 번, 아니 수십 번 넘게 다녀간 곳이라는 생각이 들었다. 이래서는 보물을 찾을 수가 없었다. 괜히 다른 사람 꽁무니만 따라다니는 꼴이었다.

현민이가 두 다리를 모으지 못하고 큰 팔자걸음으로 어슬렁어슬렁 걸어왔다.

"찝찝해."

나는 우리가 보물을 찾으러 온 사람들의 꽁무니만 쫓아다닌 것 같다고 현민이에게 말했다. 우리는 산에서 내려오는 길에 사람들이 다니지 않은 곳을 가 보고 싶었지만 이미 힘이 빠진 뒤였다. 더구나 현민이는 보물을 찾으러 다닐 상황이 아니었다. 결국 우리는 아무런 보람 없이 병풍산에서 내려오고 말았다.

우리는 현민이네 집으로 갔다. 그리고 현민이가 바지를 갈아입을 때까지 기다렸다가 함께 우리 식당으로 갔다. 그때쯤이면 고고 할아버지가 식당에 와 있을 것 같았다. 우리는 보물에 대한 정보가 더 필요했다.

예상이 맞아떨어졌다.

"우리 보물들이 왜 어깨가 축 늘어졌을까?"

식당 창가에 앉아 있던 고고 할아버지가 할머니보다 먼저 우리를 맞아 주었다. 우리는 고고 할아버지 앞에 나란히 앉았다.

"오늘 허탕 쳤어요. 보물이 없는 게 분명해요."

고고 할아버지에게 말하자 현민이가 내 팔을 잡아당겼다.

"괜찮아, 할아버지가 우리 도와줄 거죠? 그렇죠?"

"그럼, 내가 좀 도와주마. 뭐가 문제니?"

"정말요?"

현민이가 의자를 바짝 당겼다.

"공짜는 없는 거 알지? 보물 찾으면 우리 셋이서 똑같이 나누는 거야. 어때?"

잠시 고민이 되었다. 그러나 내 고민은 곧 쓸모없어졌다.

"좋아요."

현민이가 말릴 틈도 없이 대답해 버렸으니까.

우리는 고고 할아버지에게 전망대에 올랐다가 바닷가에 갔던 일, 그리고 병풍산에 올라간 것까지 죄다 말했다. 물론 현민이가 똥 밟은 사건은 말하지 않았다.

고고 할아버지는 이야기를 끝까지 듣고 숨을 길게 들이마셨다 다시 길게 내쉬었다.

잠시 후 입술에 힘을 주고 나지막한 목소리로 말을 꺼냈다.

"이건 고고학자들도 모르는 거야. 아니, 고고학자 중에서 진짜 몇 명만 아는 거야. 가르쳐 줄까?"

나는 침을 꿀꺽 삼키고 조용히 다음 말을 기다렸다.

"사람들이 죄다 병풍산 쪽 바닷가로 가잖아. 왜 그쪽에 갈까?"

"당연히 그 앞바다에서 큰 배가 가라앉았으니까 그렇죠."

나는 당연하다는 듯이 말했다.

"그런데 말이야. 아무도 의심해 보지 않은 중요한 게 하나 있어."

다시 침을 삼켰다. 다음 말을 기다렸지만 고고 할아버지는 웃음만 지을 뿐 아무 말도 하지 않았다.

"아, 답답해. 뭐예요, 사람들이 의심해 보지 않은 게?"

현민이는 자기 가슴을 주먹으로 쳤다.

"큰 배를 따라오던 작은 배가 도착한 곳은 병풍산 쪽이 아닐 수도 있어."

"그쪽이 아니라고요? 그럼 어디예요? 다른 섬이에요?"

"반대쪽이야."

"반대쪽요?"

나는 꽃섬의 모습을 머릿속에 그려 놓고 생각해 보았다.

"바로 선착장 주변이야."

"진짜요?"

현민이가 입을 벌린 채 다물지 못했다. 나는 현민이처럼 입을 벌리지 않았지만 놀란 것은 마찬가지였다. 고고 할아버지가 말해 주지 않았으면 절대 생각하지 못했을 장소였다.

"할아버지는 어떻게 알았어요?"

현민이가 입을 겨우 다물고 물었다. 그러자 고고 할아버지가 헛기침을 했다.

“보물선을 연구하는 고고학자와 친하거든, 아주.”

“그러면 사람들한테 알려 줘야지, 왜 알려 주지 않는 거예요?”

현민이는 고고 할아버지를 이해할 수 없다는 표정이었다.

“그럴 가능성이 있다는 거지. 진짜 그런지는 아무도 몰라. 그래서 함부로 말할 수 없는 거야. 괜히 말했다가 사실이 아니면 사람들한테 원망을 들을 수도 있고.”

“그래도 알려 주는 게 맞는 거 같아요.”

“그럼 너희가 알리렴. 온 동네 떠들고 다니면 되겠네. 누가 보물을 찾든지 말든지.”

고고 할아버지가 의자를 조금 뒤로 뺐다.

이 이야기가 퍼지면 보물을 찾을 수 있는 사람이 많아질 게 분명했다.

“정말이죠?”

현민이는 다시 한번 다짐을 받으려고 했다.

“아니, 그럴 가능성이 있다는 거지. 확실한 건 아니야.”

말을 마친 고고 할아버지가 고개를 돌려 바다를 바라보았다.

“그럼 아닐 수도 있다는 거네요?”

현민이는 고고 할아버지가 물러선 만큼 한 발 앞으로 갔다.

"믿지 않아도 된다. 아무튼 난 사람들이 모르는 비밀을 알려 줬으니 보물을 찾는 건 너희 몫이다."

고고 할아버지는 의자를 뒤로 조금 더 뺐다.

"할아버지는 보물이 있다고 믿어요?"

현민이가 물어보자, 고고 할아버지가 다시 의자를 당겨 앉았다. 그리고 허리를 숙여 우리 가까이에 얼굴을 갖다 댔다. 고고 할아버지의 눈빛이 반짝 빛났다.

나도 고고 할아버지의 대답이 궁금했다.

"있다고 믿는 사람에게는 있고, 없다고 여기는 사람에게는 없다. 이게 할아버지가 해 줄 수 있는 대답이야."

현민이가 더 졸라 봤지만 할아버지는 더는 대답하지 않았다.

나는 선착장을 떠올렸다. 뛰어가면 우리 식당에서 오 분밖에 걸리지 않는 곳이었다. 선착장 쪽에는 병풍산 대신에 치암산이 솟아 있었다. 병풍산만큼은 아니지만 꽤 가파른 산이었다. 그리고 멀지 않은 곳에 육지가 있었다.

보물을 실은 작은 배는 큰 배를 따라가다가 풍랑을 만난다. 작은 배는 캄캄한 어둠 속에서 나뭇잎처럼 이리저리 춤춘다. 설상가상으로 앞서가는 큰 배가 옆으로 기울더니 바닷속으로 사라져

버린다. 작은 배에 탄 선원들은 돛을 내리고 살아남기 위해 열심히 노를 젓는다. 큰 배가 간 길을 그대로 따라가다가는 똑같은 신세가 될 것. 사람들은 최대한 왼쪽으로 방향을 튼다. 다행히 작은 배는 왼쪽으로 방향을 잡지만 마음대로 움직이지 않는다. 파도에 휩쓸려 섬과 멀어진다. 섬과 멀어진 배는 오히려 육지와 가까워진다. 하지만 어둠 속에서 육지가 보일 리 없는 선원들의 목표는 눈앞에 보이는 섬, 무조건 섬이다. 선원들이 필사적으로 노를 젓는다. 그때 누군가 외친다. "여기에 섬이 있다!" 작은 배는 운 좋게도 섬에 당도한다.

여기까지 생각이 미치자 떠오르는 게 있었다.

"현민아, 가자!"

나는 선착장으로 뛰었다.

"야, 김산호! 같이 가. 무슨 일인지는 알고 가야 할 거 아니야?"

4. 가자, 용난섬으로!

병풍산의 반대쪽이라면 치암산이다. 병풍산만큼은 아니지만 많은 사람이 치암산을 다녀갔다. 고고 할아버지는 치암산이라고 하지 않고 선착장 주변이라고 했다. 용난섬은 선착장에서 멀지 않았다. 바다 위에 조그맣게 떠 있는 용난섬이 머릿속에서 떠나지 않았다.

꽃섬 근처의 바닷속까지 훤히 아는 고고 할아버지의 말을 믿기로 했다. 고고 할아버지가 거짓말을 할 리 없었다. 그래서 선착장으로 갔지만 용난섬으로 갈 방법이 없었다. 현민이네 배를 이용하면 좋겠지만 그건 어림도 없는 일이었다. 괜히 일을 크게 벌일 필요가 없었다. 그랬다가는 나에게 돌아오는 보물이 없어질지도 몰랐다.

“그런데 진짜 보물이 있을까? 왠지 그 할아버지 맘에 안 들어. 뭔가 숨기고 있는 거 같아.”

현민이는 고개를 갸웃거렸다.

“무슨 소리야? 고고 할아버지 진짜 좋은 사람이야. 아마 보물에 욕심이 있었으면 벌써 찾았을걸?”

“에이, 보물에 욕심 없는 사람이 어딨어?”

“진짜야. 그게 아니면 왜 우리한테 비밀을 알려 주겠냐? 그냥 직접 찾지.”

“그러니까 모르겠다는 거야. 아무튼 뭔가 이상해.”

현민이는 고고 할아버지에 대해서 잘 모르고 있었다.

"저 배 타고 가면 안 될까?"

현민이네 할아버지의 작은 배가 선착장 말뚝에 묶인 채 이리저리 움직이고 있었다.

"안 돼. 그랬다가는."

현민이는 죽는시늉을 했다. 더군다나 낚싯배를 타고 나간 할아버지가 돌아올 시간이 되었다고 했다.

"아, 맞다! 나한테 고무보트 있어. 예전에 해수욕장에서 타던 거. 그거 타고 갈 수 있지 않을까?"

우리는 점심을 먹고 현민이네 집에서 모이기로 했다. 고무보트가 제법 크고 무거워서 같이 들고 오기로 했다.

"할머니, 밥!"

식당 문을 열자마자 소리쳤다. 마음이 급했다. 식당 안은 조용했다.

고고 할아버지가 낯선 사람 두 명과 같이 식당 구석에 앉아 있었다.

할머니가 내게 가까이 오라고 손짓했다.

"어디를 그렇게 돌아다니니? 집에 좀 붙어 있어야지."

"밥 먹고 현민이랑 만나기로 했어. 오늘은 진짜 중요한 일이야."

나는 주방 가까운 곳에 자리를 잡았다. 할머니가 준 물을 벌컥벌컥 마셨다. 고고 할아버지의 목소리가 들렸지만 알아들을 수가 없었다. 일본 말이었다. 고고 할아버지 앞에 앉은 두 사람도 일본 말을 했다. 가끔 웃기도 하고 진지하게 말하기도 했다. 배 타는 시늉을 하는 걸로 봐서 뱃길에 대해서 이야기를 나누는 것 같았다.

현민이와 용난섬을 탐험하기로 했다는 것을 고고 할아버지에게 말하고 싶었다. 하지만 심각한 이야기를 나누는 것 같아 말을 걸 수 없었다.

고고 할아버지도 나를 보고 눈을 찡긋했을 뿐, 아무런 신호를 보내지 않았다.

나는 우두커니 앉아 고고 할아버지와 같이 있는 두 사람을 훔쳐보았다. 한 명은 모자를 쓰고 있었다. 보통 식당에 들어오면 모자를 벗는데 그 사람은 모자를 계속 쓰고 있어 얼굴을 볼 수 없었다.

다른 한 명은 손이 이상했다. 주먹을 쥔 손 모양이 찌그러져 있었다. 나는 고고 할아버지가 참 이상한 사람들과 밥을 먹는다고 생각했다.

할머니는 간단하게 점심을 챙겨 주고는 텔레비전을 켰다. 화면에 금색 왕관이 보였다.

오 년 전 사라진 뒤 그동안 행방이 오리무중이었던 신라 금관이 일본 문화재 경매에 나왔습니다. 다행히 한 재일 교포가 낙찰받아 우리 정부에 기증함으로써 우리나라로 돌아오게 되었습니다. 이 금관은 예상을 훨씬 뛰어넘는 경매가로 낙찰되었는데, 자칫하면 일본에 영영 남을 수도 있었다는 후문입니다.

경주 왕릉에서 발굴된 이 금관은 관리 소홀로 인해 도난된 후 지금까지 소재조차 파악되지 않았었습니다. 이 도난 사건에는 전설적인 보물 사냥꾼 검은턱수염이 관여한 것으로 알려져 있는데요. 검은턱수염은 나이나 성별은 물론 인상착의도 전혀 밝혀지지 않은 인물로…….

보물 사냥꾼? 보물 사냥꾼이란 말을 처음 들었다. 혹시 꽃섬의 보물도 이미 그들의 손에 넘어갔을지 모른다는 생각이 들었다. 만약 보물 사냥꾼의 손에 넘어갔더라도 알 도리가 없었을 것이다. 신라 금관도 다시 나타나는 데 오 년이나 걸렸으니까. 아직도 보물 사냥꾼은 잡히지 않았고.

"온 나라가 보물, 보물 타령이구먼."

할머니는 혀를 끌끌 찼다.

"산호야, 너 어디 가려고?"

나는 재빨리 머리를 굴렸다. 용난섬에 간다고 하면 할머니는 절대로 허락하지 않을 테니까.

"그냥, 치암산에."

"치암산에는 왜? 그곳에 보물 있다던?"

나는 멋쩍게 웃으며 고개를 돌리다가 그만 턱이 뾰족한 일본 사람과 눈이 마주치고 말았다. 나는 얼른 눈을 피했다. 이상하게 가슴이 두근거렸다. 나쁜 짓을 하다가 들킨 사람처럼.

식당 안에 잠시 침묵이 흘렀다. 하지만 이내 다시 일본 말이 들렸다.

"산호야, 오늘은 그냥 여기서 이 할머니랑 있자."

"안 돼! 현민이랑 약속했단 말이야."

"네 할아버지도 그랬어. 정신을 어디다 뒀는지 여기저기 막 쏘다니더니 갑자기 사라져서 지금까지 연락이 없잖아. 암만 해도 요새 네가 하는 품이 그때 네 할아버지 같아."

"할머니, 걱정하지 마. 저녁 먹기 전까지는 꼭 돌아올게."

나는 남은 밥을 마저 먹었다. 그런데 고고 할아버지와 일본 사람들이 거슬렸다. 자꾸만 나를 바라보는 느낌이 들었다. 그러나 슬며시 곁눈질해 보면 서로 이야기하는 데 집중하고 있었다. 내가 괜히 신경 쓰는 것 같기도 했다.

"산호야, 너도 내일 가니?"

식당을 나가려고 하는데 고고 할아버지가 갑자기 물어보았다.

"네?"

고고 할아버지가 무엇을 묻는지 알 수 없었다.

"내일 육지 여행 말이다."

"아, 아직 잘 모르겠어요. 현민이랑 얘기해 보고요."

"그래, 너도 할머니랑 함께 다녀오면 좋겠구나."

"네."

고고 할아버지 옆에 있던 일본 사람들이 나를 보며 웃었다. 나도 멋쩍게 웃으며 밖으로 나갔다.

그러고 보니 하루만 더 있으면 꽃섬 사람들이 육지 여행을 가는 날이었다.

할머니는 처음에 식당을 비울 수 없다며 여행을 가지 않겠다고 했다. 다른 사람들도 사정은 비슷했다. 그래서 1박 2일이었던 원래 계획이 아침 일찍 떠났다가 저녁에 돌아오는 일정으로 바뀌었다. 온천도 가고 고궁도 들른다고 했다.

할머니는 마지막까지 가지 않겠다고 버텼지만 다른 사람들이 줄기차게 같이 가자고 하자 따라나서기로 했다.

여행을 떠나게 된 마을 사람들은 고고 할아버지에게 고마워했다. 하지만 고고 할아버지는 오히려 늦게 건의해서 미안

하다고 했다. 사람들이 고고 할아버지도 같이 다녀오자고 했지만 고고 할아버지는 자신은 여기 사람이 아니라 안 된다고 했다. 몇 년을 여기에 살았어도 주소가 다른 곳에 있어서 꽃섬 주민이 아니라고 했다. 할머니, 할아버지 들은 못내 아쉬워했다. 고고 할아버지는 꽃섬을 잘 지킬 테니 걱정하지 말고 잘 다녀오라고 했다.

고고 할아버지 덕분에 우리 할머니는 오랜만에 육지 구경을 하게 되었다. 내가 아는 한, 할머니가 꽃섬에 들어와서 처음으로 떠나는 육지 여행이었다.

나는 간다고 말은 했지만 아직 결정하지 않은 상태였다. 육지가 궁금하기는 했지만 온종일 할머니, 할아버지 들을 따라다닐 자신은 없었다. 보물을 찾는 데 빠져 있기도 했다.

선착장을 지나 현민이네 집으로 갔다. 현민이는 마당에서 공기 펌프로 고무보트에 바람을 넣느라 낑낑대고 있었다.

"나 좀 도와줘."

현민이는 나를 보자마자 마당에 주저앉았다.

"잡아 봐."

내가 공기 펌프로 바람을 넣고, 현민이가 바람 들어가는 입구를 꽉 잡았다. 한참 바람을 넣자 보트가 모습을 갖추기 시작했다. 제법 컸다. 보트에는 성인 3인용이라고 적혀 있었다.

그런데 아무리 바람을 넣어도 보트가 완전한 모습이 되지 않았다.

"이쪽에도 넣어야 돼."

보트를 이리저리 살펴보다가 바람 넣는 곳이 두 군데인 것을 알게 되었다. 한쪽 구멍에 바람을 넣으면 테두리가 부풀어 오르고 또 다른 구멍에 바람을 넣으면 바닥이 부풀어 오르는 고무보트였다. 두 개의 공기 주머니를 꽉 채웠더니 온전한 보트가 완성되었다. 우리는 보트와 함께 노란색 노 두 개도 챙겨서 같이 들었다. 보트는 생각보다 무거웠다. 그렇지만 마음은 가벼웠다. 정말 보물을 찾으러 가는 것 같았다.

선착장에는 아무도 없었다. 현민이네 할아버지의 조그마한 배만 줄에 묶여 살랑살랑 파도를 타고 있었다. 썰물이라 물이 많이 빠져 있었다.

"괜찮을까?"

현민이가 걱정했다.

"오늘 날씨도 좋고 파도도 별로 없어. 괜찮아. 저기까지만 가면 돼."

우리는 보트를 띄우고 올라탔다. 파도가 칠 때마다 보트가 흔들렸다. 조금 겁이 났다.

"자, 출발!"

일부러 큰 소리를 냈다. 우리는 열심히 노를 저었다. 보트가 조금씩 앞으로 나아갔다. 하지만 생각보다 파도가 높았다.

"너, 수영할 줄 알아?"

현민이가 물어보았다.

"그럼. 왜? 너 못 해?"

"응, 바다에서 어떻게 수영을 해?"

"걱정 마. 진짜 무슨 일이 벌어지면 이 보트만 붙잡고 오면 돼."

보트는 조금씩 앞으로 갔다. 노를 젓는 일은 생각보다 쉽지 않았다. 보트에 바람 넣는 것보다 힘들었다. 가까워 보이던 용난섬은 한참을 가도 똑같은 거리만큼 떨어져 있었다. 게다가 노를 젓는 속도를 서로 맞추지 않으면 배가 생각과는 다른 방향으로 갔다.

"돌아갈까?"

현민이가 불안해하는 것 같았다. 파도도 조금 더 높아졌다. 그때 물 위로 솟은 조그만 바위가 보였다. 다섯 마리의 이무기 중에서 안타깝게 용이 되지 못한 이무기가 살았던 섬이었다.

"저기 앞에 바위 보여? 우리 저기에서 조금만 쉬었다 가자."

조금만 더 가면 쉴 수 있다는 생각에 힘이 솟았다. 우리는 열심히 노를 저었다. 점점 바위섬에 가까워졌다.

"조금만 더 붙여 봐."

우리는 방향을 잡으려고 노력하면서 바위섬을 향해 힘껏 노를 저었다. 보트가 바위섬에 부딪혔다.

"앗! 따가워."

손을 뻗어 바위섬을 잡으려고 했는데 그만 굴 껍데기를 잡고 말았다. 가까이에서 보니 바위에 날카로운 굴 껍데기들이 붙어 있었다.

"왜 그래?"

"여기는 안 되겠어. 온통 굴 껍데기야. 손에서 피 나."

나는 왼손으로 피가 나는 오른쪽 집게손가락을 꽉 잡았다. 손끝이 찌릿했다.

"안 되겠다. 그냥 돌아가자."

현민이가 열심히 노를 저었다. 그러자 내가 있는 쪽으로 보트가 돌았다. 그런데 보트가 이상했다. 탱탱하던 보트가 힘이 없었다.

"바람이 새!"

현민이가 소리를 질렀다. 평평하던 보트 바닥이 힘없이 꺼지기 시작했다. 현민이와 부지런히 노를 저었지만 보트는 앞으로 나아가지 않았다.

바닷물이 찌그러진 보트 안으로 들어오기 시작했다. 바다에 빠지기 직전이었다. 여름으로 향하는 날씨였지만 바닷물은 차가웠다. 정신을 차릴 수 없었다. 어떻게 해서든 선착장까지 가야 했다. 그러나 바로 앞에 보이는 선착장이 아득히 멀게만 느껴졌다. 눈앞이 캄캄했다. 아무 생각 없이 노만 저었다. 팔이 아픈 것도, 손가락에서 피가 나는 것도 잊었다. 노를 저어야 한다는 생각뿐이었다. 하지만 보트는 점점 바람이 빠졌다.

"살려 줘!"

현민이가 나를 붙잡고 울었다. 그래도 노를 열심히 저었지만 보트가 움직인다는 느낌이 없었다.

"잠깐! 움직이지 마."

문득 보트가 더 이상 가라앉지 않는 느낌이 들었다. 현민이가 울음을 그쳤다.

"뭐지?"

고무보트는 더 이상 배라고 할 수 없을 정도였지만 바다 위에서 버티고 있었다. 발은 바닷물에 빠지고 몸만 간신히 물 위로 올라온 꼴이었다.

"맞다! 아까 바람 넣는 곳이 두 군데였지."

그제야 공기 주머니가 두 개였던 사실이 떠올랐다.

우리는 있는 힘껏 노를 저어서 선착장으로 향했다. 보트는 조금씩 움직였다. 다시 선착장에 돌아왔을 때 온몸에 힘이라고는 조금도 남아 있지 않았다. 우리는 그대로 선착장 바닥에 쓰러지고 말았다.

"산호야, 우리 오늘 죽을 뻔한 거 맞지?"

옆에 누운 현민이가 물었다.

"어떻게 살아 돌아왔는지 모르겠다."

그제야 팔이 뻐근하고 어깨가 아픈 게 느껴졌다.

"보물 싣고 가던 배에 탔던 사람들도 우리처럼 그랬겠지?"

현민이가 벌떡 일어나 나를 바라보았다.

"무슨 소리야! 그 사람들은 죽었고, 우린 이렇게 살아 있잖아."

우리는 서로를 바라보며 웃었다. 마치 지옥에서 살아 돌아온 것 같았다. 그제야 굴 껍데기에 벤 손가락이 따끔거리는 것을 알아챘다. 아직도 피가 새어 나오고 있었다. 왼손으로 상처 난 손가락을 꼭 감쌌다.

정신을 좀 차린 후에 천천히 보트를 살펴보았다. 혹시 바람 넣는 곳의 마개가 풀렸는지 살펴보았지만 아무런 이상 없이 잘 잠겨 있었다.

"이것 봐. 여기 칼로 자른 것 같아."

보트 앞부분이 엄지손톱만큼 날카롭게 찢어져 있었다. 보트가 바위섬에 부딪힐 때 굴 껍데기 때문에 구멍이 난 게 분명했다. 굴 껍데기 때문에 죽을 뻔했다니.

"그래도 그렇지. 나를 붙잡으면 안 되지."

"왜?"

현민이가 눈을 동그랗게 떴다.

"죽으려면 혼자 죽어야지. 물귀신도 아니고."

내가 혀를 내밀었다.

"이런, 의리 없는 자식!"

현민이와 나는 마음껏 웃었다. 우리 사이에 끈끈한 무언가가 생긴 것 같았다.

우리는 용난섬을 바라보았다. 아무래도 용난섬에 보물이 있을 것만 같았다. 아마 보물을 실은 배도 우리처럼 바다 위에서 허우적대다가 용난섬에 이르렀을 것 같았다. 바로 눈앞에 있는 보물을 놓친 기분이었다. 하지만 현민이에게 다시 가자고 할 수가 없었다. 나도 그렇지만 수영을 하지 못하는 현민이는 정말 죽을 뻔했으니까.

"다시 가 볼래?"

현민이는 내 마음속에 들어왔다 나간 사람처럼 내가 하고 싶은 말을 먼저 꺼냈다.

"뭐? 너 괜찮겠어?"

정말 현민이가 걱정되었다. 하지만 용난섬에 꼭 가고 싶었다. 거기에 보물이 있을 것 같았다.

"오늘 저녁에 가자, 저거 타고."

현민이는 할아버지의 작은 배를 가리켰다.

"저건 너희 할아버지가……."

"설마, 귀한 손자를 어떻게 하겠어? 들키지 않고 몰래 다녀오면 더 좋고."

현민이가 앞니를 훤히 드러내며 웃었다.

"좋아!"

우리는 저녁을 먹고 다시 선착장에서 만나기로 했다. 서로 준비물을 확인한 다음 헤어졌다. 집으로 돌아오는데 온몸이 아팠다. 하지만 이상하게 마음이 부풀었다. 뭐든지 할 수 있을 것만 같았다. 발걸음이 가벼워졌다.

5. 보물 사냥꾼의 정체

많고 많은 섬들 중에
꽃 같은 섬에 와서 꽃 같은 임을 만나
꽃같이 오순도순 살자고 약속했지요
부엉이 만나거든 내 임이 어디 있나 물어보구려
큰 소리로 외쳐 보오 내 임아 내 임아

할머니가 식당 밖에 있는 의자에 앉아서 바다를 바라보며 노래를 부르고 있었다.

"할머니!"

할머니가 깜짝 놀라며 돌아보았다. 내 모습을 보고 한 번 더 놀랐다.

“아이고, 꼴이 이게 뭐니? 물에 빠진 생쥐가 울고 가겠네.”

“괜찮아.”

나는 옷을 툭툭 털었다.

“할머니, 여기서 뭐 해?”

“내일 식당을 비우려고 하니까 마음이 영 내키질 않네.”

“할머니, 걱정하지 마. 내가 잘 지키고 있을게.”

“왜, 너는 안 가려고?”

“응, 나는 여기서 현민이랑 있을게.”

“그럼, 나도 안 간다. 손자 놔두고 혼자 좋은 구경 하면 뭐 해?”

“할머니도 참! 난 정말 가고 싶지 않아서 그래.”

한참이나 할머니와 실랑이를 벌였다. 할머니는 나보고 할아버지를 닮아서 고집이 세다고 했다. 결국 할머니는 현민이와 같이 먹을 점심을 챙겨 놓고 다녀오기로 했다.

저녁을 먹고 나자 자꾸 눈이 감겼다. 현민이와 괜히 약속했다는 생각이 들었다. 자꾸만 졸음이 몰려왔다. 그대로 있다가는 잠들 것 같았다.

“할머니, 오늘 현민이네 놀러 가기로 했어. 좀 늦을지 몰라.”

몇 번이지만 현민이네 집에서 자고 온 적도 있으니까 할머니는 내 말을 의심하지 않았다. 오히려 내가 현민이와 어울리며 잘 지낸다고 안심하는 눈치였다.

식당 밖으로 나갔다. 등 뒤에서 쾅 소리를 내며 문이 닫혔다. 늘 들리는 소리인데 매번 깜짝깜짝 놀랐다.

밖은 아주 어둡지는 않았지만 공기는 쌀쌀했다. 현민이가 나오려면 한참이나 남아서 천천히 선착장으로 걸어갔다. 선착장에 도착하자 낮에는 보이지 않던 현민이네 할아버지의 큰 배가 보였다.

파도가 칠 때마다 큰 배가 삐걱삐걱 소리를 내며 조금씩 움직였다. 그 옆에는 작은 배도 있었다. 선착장 밤공기는 더욱 쌀쌀했지만 다행히 바람이 세지 않았다.

가로등이 희미하게 빛나고 있었다. 가로등 가까이에 큰 기름통 두 개가 나란히 있었다. 나는 가로등 불빛이 미치지 않아 그늘이 지는 기름통 옆에 쭈그리고 앉았다. 쌀쌀한 공기 탓에 나도 모르게 몸을 웅크렸다. 졸음이 몰려왔다. 정신은 희미해졌지만 가로등 불빛이 더 밝아지는 것이 느껴졌다. 정신을 차리려고 했지만 마음대로 되지 않았다.

조금만 더 가면 용난섬에 내릴 수 있을 것 같다. 현민이와 함께 더 힘차게 노를 젓는다. 용난굴에서 빛이 보인다. 굴 깊숙한 곳에서 보석이 반짝이는 것 같다. 우리는 마주 보며 웃는다.

그때 멀리서 큰 배가 우리 쪽으로 다가온다. 처음 보는 배다. 너무 커서 크기를 가늠할 수도 없는 배가 화난 코끼리처럼 엄청난 소리를 내며 다가온다. 큰 배는 우리를 보지 못했는지 속도를 줄이지 않는다. 현민이와 함께 열심히 노를 젓지만 우리 배는 제자리에서 꼼짝도 하지 않는다. 큰 배가 바로 옆을 지나친다. 큰 배가 만든 파도 때문에 우리 배가 하늘로 솟구친다. 중심을 잃고 바닷속으로 떨어진다. 나는 현민이를 끌어안는다. 무슨 소리라도 지르고 싶지만 목소리가 나오지 않는다.

꿈이었다. 다리가 저렸다. 멀지 않은 곳에서 요란한 엔진 소리가 들렸다. 다리를 펴고 일어나려고 하는데, 엔진이 멈추고 웅성거리는 소리가 들렸다. 앉은 채로 가만히 있었다.

"……너무 작지 않아?"

왠지 귀에 익은 목소리였다. 나는 어둠 속에서 꼼짝도 하지 않았다. 아니 꼼짝할 수가 없었다. 나도 모르게 몸이 굳어 버렸다. 그래서 목소리의 주인을 확인할 수가 없었다. 파도 소리 때문에 사람들의 목소리가 정확하게 들리지 않았다.

"저래 봬도 특별…… 고무보트야. ……빼면 차에…… 있다고."

다른 남자 목소리였다. 목소리가 가늘었다.

"그래도 너무 약해……."

"여기서 육지까지…… 열 명은……."

"알았어. 다른 장비는?"

다시 귀에 익은 그 목소리가 들렸다.

"걱정…… 확실한 정보지?"

이번엔 또 다른 굵은 목소리였다.

나는 그 사람들의 얼굴을 보고 싶었다. 고개를 내밀면 금방 확인할 수 있을 것 같았다. 하지만 고개를 들지 못하고 큰 기름통이 만들어 준 어둠 속에서 꼼짝하지 않았다. 자칫하면 들킬 것 같았다.

"……확실해. ……영감을 붙잡았어야 했는데."

다시 낯익은 목소리였다. 귀를 쫑긋 세웠다.

"그 영감이 바로…… 아니야?"

"……무슨…… 은퇴한 영감을……."

"……무슨 일이……."

모두 세 명의 목소리가 들렸다.

그중 분명히 많이 들어 본 목소리가 있었다. 하지만 머릿속에서 맴돌기만 할 뿐 목소리의 주인은 기억나지 않았다. 텔레비전에서 들은 것 같기도 했다.

목소리가 점점 또렷해졌다. 내 쪽으로 조금씩 다가오는 듯 했다.

"……금관…… 몸을 피한다고…… 왔잖아. ……식당에 들어간 거야."

금관? 그때 머릿속을 스치는 게 있었다. 텔레비전에서 본 금관 도난 사건이 기억났다.

보물 사냥꾼! 보물 사냥꾼들이 내 앞에? 심장이 쿵쿵 뛰었다. 보물 사냥꾼이 내 심장 소리를 듣지 않을까 걱정이 될 정도였다.

"그 영감이…… 산소 자리를 찾는…… 그런데…… 쉿!"

"왜 그래?"

갑자기 조용해졌다. 나는 침을 삼켰다. 침 삼키는 소리가 그렇게 클 줄 몰랐다. 나는 최대한 몸을 웅크리고 쥐 죽은 듯이 있었다.

"아니, 혹시나 해서. 무슨 소리가 들리는…… 아무튼 며칠째 그 식당에…… 표정이 이상한 거야. 뭔가를 숨기는……."

영감은 우리 할아버지를 말하는 것 같았다. 보물 사냥꾼과 할아버지가 보물을 둘러싸고 무슨 일을 벌였던 것 같았다.

"그래서 바로 물어본 거야?"

"아니, 이 일도…… 감이란 게 있잖아. 십중팔구…… 했지."

"자네는 예전부터 여기에 보물이…… 않았나?"

"보물선…… 안 박사 연구를 몰래…… 이곳에…… 안 박사는 보물선에 대해서 최고……."

"자네는 타고난 도둑, 아니 천재야, 전재."

"사람 참. 그래서 그 영감 뒤를…… 하루는 영감이 치암산으로……."

보물 사냥꾼들의 말 한 마디 한 마디에 귀를 쫑긋 세웠다. 놀라운 사실들이 하나둘 흘러나왔나. 이렇게 가까운 곳에서 보물 사냥꾼들을 만나게 될 줄이야. 더군다나 할아버지와 관련이 있다니.

"치암산에…… 바위……."

"응, 그런데?"

"그곳에서 맞닥뜨린 거야. 그런데…… 힘이 세던지 하마터면…… 뻔했어. 나이 들어도…… 여전하더라고."

"그럼, 자네가……."

"……정당방위였어. 오죽하면…… 물어보지도 못했겠는가. 수습…… 힘들었네."

할머니가 그렇게 애타고 기다리던 할아버지가 보물 사냥꾼에게……. 그 말을 믿을 수가 없었다. 보물 사냥꾼이 누군지 확인하고 싶었지만 몸이 움직이지 않았다. 혹시라도 그들에게 들키면 죽을 수도 있겠다는 생각이 들었다.

"……이번엔 확실한 거지?"

"맞아. ……다 찾아봤어. 남은 곳은……."

"왜 그래?"

"잠깐만!"

주변이 조용해졌다. 무슨 일이 벌어지는지 알 수가 없었다. 나를 발견한 게 아닐까 걱정되었다. 나는 숨을 최대한 천천히 들이쉬고 천천히 내쉬었다.

"누구지?"

"어? 잠깐…… 적당히 말하고……."

낯익은 목소리였다.

나는 용기를 내서 고개를 살짝 들었다. 간신히 선착장 아래쪽을 볼 수 있었다.

"꼬마야, 어쩐 일이니?"

"네, 저…… 아니에요."

현민이였다. 속으로 '그냥 가!'라고 외쳤다. 하지만 현민이는 가지 않고 주변을 두리번거렸다.

"저, 혹시……."

"왜? 무슨 일 있어?"

낯선 아저씨가 상냥하게 물었다.

"아니에요."

현민이가 뛰어가는 소리가 들렸다. 나는 한숨을 내쉬고 보물 사냥꾼이 서 있는 선착장 아래쪽을 다시 내려다보았다. 뒤돌아선 보물 사냥꾼의 검은 형체만 보였지만 왠지 낯설지 않았다.

"꼬마 갔나?"

보물 사냥꾼이 고개를 돌렸다. 가로등 불빛에 보물 사냥꾼의 얼굴이 드러났다. 나는 망치로 얻어맞은 듯했다. 멍했다. 고고 할아버지였다. 내 눈앞에서 벌어진 일이지만 믿을 수가 없었다. 순식간에 고고 할아버지, 아니 보물 사냥꾼과 함께했던 시간이 머릿속을 스쳐 지나갔다.

손이 부르르 떨렸다. 팔로 붙잡아도 두 다리가 벌벌 떨렸다. 멈추지 않았다.

"왜 여우눈은……."

고고 할아버지의 목소리가 들렸다.

"호랑이도 제 말 하면……."

"왜 이제 오나?"

"……."

"알았네, 알았어……. 피곤했나 보네. 암튼 빨리 내려와서 얼른 타고 가게. 내일 할 일이 많아."

고고 할아버지였다. 나는 다시 고개를 좀 더 내밀어 보았다. 그림자가 보였다. 손이 춤을 추듯이 움직였다.

"알았다니까. 자네가 고생한 것…… 자네 몫을……."

디시 고고 할아버지였다.

"내일…… 여행 보낸다고 들어간 돈이 얼만데! 그것까지 계산해야지."

"섬사람들을 다른 곳…… 확실히 보물을……."

"기대하게. 내일 섬사람들이 육지에…… 오게."

고고 할아버지의 목소리였다.

"뭐, 두고 보면 알겠지. 내일 보세."

고고 할아버지와 여우눈만 남았고, 나머지 두 명은 고무보트에 올라탔다. 얼핏 보기에도 현민이와 탔던 고무보트보다 훨씬 컸다.

잠시 후에 엔진 소리가 선착장을 가득 채웠다. 고무보트가 어둠 속으로 사라지며 엔진 소리도 작아졌다. 고고 할아버지와 여우눈은 저벅저벅 마을 쪽으로 걸어갔다.

나는 아무도 없는 선착장에서 그대로 한참을 있었다. 머릿속은 복잡해졌다.

할아버지 소식을 알게 되면 할머니는 얼마나 슬퍼할까. 그래도 할머니에게 말을 해야 할까. 아직도 할아버지를 기다리고 있는 할머니가 안쓰러웠다.

천천히 숨을 쉬면서 머릿속을 정리했다. 아직 시간이 남아 있었다. 보물도 꽃섬에 있고, 변한 것은 아무것도 없었다.

보물이 있는 곳은 어디지? 분명히 마을 사람들을 여행 보내야만 하는 이유와 상관이 있을 것이다. 참! 고고 할아버지는 할아버지가 보물을 발견했을 것이라고 했다. 그럼 우리 할아버지가 보물을 다시 숨겼다는 말!

내가 할아버지라면? 궁금증들이 꼬리에 꼬리를 물었다. 할아버지와 고고 할아버지는 무슨 관계였을까? 정리하려고 하면 할수록 더 복잡해졌다. 파도 소리 때문에 끊긴 이야기를 이어 보려고 했지만 잘 완성되지 않았다. 퍼즐을 맞추는 데 조각이 부족했다.

생각을 하다 고개를 들었을 때는 이미 식당 앞이었다. 문을 살며시 열고 안으로 들어갔다. 문이 완전히 닫힐 때까지 손에 힘을 잔뜩 주었다. 살짝 삐걱거렸지만 쾅 소리가 나지는 않았다.

6. 보물 사냥

"산호냐?"

할머니의 낮은 목소리가 들렸다. 나는 어둠 속에서 더듬거리며 방 안으로 들어갔다.

"아이고, 손발이 왜 이렇게 차? 밖에 있었어?"

할머니가 내 손을 잡고 비벼 주었다. 까칠까칠한 손이었지만 따뜻했다.

"아니, 현민이네 집에 있었어. 뛰어와서 그래."

"그래, 우리 손주 빨리 자자."

나는 눈을 감았다. 선착장에서 보았던 일을 생각하자 또 가슴이 벌렁벌렁했다. 꿈이 아닐까 생각될 정도였다. 할머니에게 할아버지의 소식을 어떻게 전해야 할지도 고민이 되었다.

밤새도록 잠들었다 깼다를 반복했다. 다시 잠들 때마다 다른 꿈을 꾸었다. 어느 때는 생전 처음 본 괴물이 나타났고, 물에 빠져 허우적대기도 했다. 마지막에는 악당이 탕, 탕, 탕 소리를 내며 총을 쏘았다. 총알들이 내 주변을 맞히더니 마지막 총알은 정확하게 내 이마를 향해 날아왔다. 날아오는 총알이 뻔히 보였지만 피할 수가 없었다. 총알이 내 이마에 닿기 직전에 깼다.

식당에서 딱, 딱, 딱 할머니의 칼질 소리가 들렸다. 나는 일어나서 식당으로 나갔다.

"산호야, 무슨 일 있어? 밤새도록 제대로 못 자는 것 같던데."

"아니, 괜찮아. 할머니, 오늘 여행 가?"

나는 말을 꺼내자마자 후회했다.

"왜? 혼자 집에 못 있겠어? 할머니 가지 말까?"

할머니는 나를 빤히 바라보았다.

"아니, 그냥 물어본 거야. 오늘 오는데, 뭘."

"점심 준비해 놓을 테니까 현민이랑 먹어."

할머니는 아침을 먹고 선착장으로 갔다. 나는 현민이네 집으로 갔지만 현민이가 없어서 다시 선착장으로 갔다. 꽃섬 사람들이 다 모여 있었다. 나는 두리번거리며 고고 할아버지, 아니 보물 사냥꾼을 찾았는데 보이지 않았다. 안도의 한숨을 내쉬었다.

"야, 김산호! 너 이젯밤에 왜 안 나왔어?"

현민이가 등을 세게 때리는 바람에 깜짝 놀랐다.

"어? 왜 이렇게 놀래?"

"어제? 어제는……."

나는 눈앞에 나타난 보물 사냥꾼 때문에 말을 이어 가지 못했다.

"꽃섬의 보물들이 여기 있었네."

보물 사냥꾼이 내 머리를 쓰다듬었다. 소름이 돋았다. 꼼짝도 않고 가만히 있었다.

"어제 뭐? 내가 나왔다가……."

"어제는 졸려서 일찍 잤어. 미안해. 우리 저쪽으로 가 보자. 보여 줄 게 있어."

현민이의 말을 끊고 팔을 당겼다.

"야, 갑자기 왜 그래? 나만 혼자 괜히……. 아, 아파. 살살 잡아."

현민이가 당황해했지만 이유를 말할 수가 없었다.

"오늘 너희도 육지 여행 가지?"

보물 사냥꾼이 물었다. 웃는 얼굴이었지만, 나는 그 웃음 속에 숨겨진 비밀을 알고 있었다.

"아니……."

"예, 우리도 따라갈 거예요."

내가 현민이의 말을 끊었다. 그리고 보물 사냥꾼이 보이지 않는 곳으로 현민이를 끌고 갔다. 선착장 아래쪽, 어제 보물 사냥꾼이 서 있던 곳으로.

"야! 김산호, 너 오늘 이상하다. 무슨 일 있어? 우리 오늘 안 가기로 했잖아."

"현민아, 내 말 잘 들어."

"근데 이건 놓고 말하면 안 될까?"

내가 현민이의 팔을 꽉 붙잡고 있었다.

"내 말 잘 들어."

"뭔데? 빨리 말해 봐."

나는 어젯밤에 있었던 일을 설명했다. 현민이는 입을 다물지 못했다. 도저히 믿지 못하겠다는 표정이었다.

"뭐야, 우리만 보물 사냥꾼의 비밀을 알고 있는 거야?"

현민이는 상황의 심각성을 잘 모르는 것 같았다.

"그래서 겁먹고 쪼르르 여행 가려고 한 거야?"

어이없다는 표정이었다.

"아니, 보물 사냥꾼 들으라고 일부러 한 말이야. 이제 우리는 보물 사냥꾼 모르게 살짝 빠져나가야 해."

현민이 눈에 힘이 들어갔다. 하지만 입꼬리가 올라간 게 재미있는 놀이를 하는 사람처럼 보였다.

우리는 선착장에 모인 사람들 틈에서 보물 사냥꾼을 찾았다. 보물 사냥꾼은 할아버지, 할머니 들과 이야기를 나누고 있었다. 아무것도 모르는 사람들이 보물 사냥꾼에게 고맙다는 인사를 하고 있었다.

"배 들어옵니다!"

누군가 큰 소리로 외쳤다. 꽃섬 사람들이 모두 배를 바라보았다. 보물 사냥꾼은 선착장 아래쪽으로 내려갔다.

"지금이야. 가자."

현민이와 선착장을 빠져나오는데 "이봐, 조심조심하라고." "에헤, 이 사람이 배 처음 타 보나." "염전 양반이 안 보여." "육지 구경 처음 하나?" 하는 소리가 들렸다.

우리는 몰래 선착장을 빠져나와서 식당으로 갔다. 혹시 보물 사냥꾼이 우리를 찾지 않을까 걱정되었지만 어쩔 수 없는 일이었다.

"이제 어떡하지?"

현민이의 목소리가 높아져 있었다.

"먼저 보물이 어디 있는지 알아내야 해."

"알면 뭐 해? 우리가 어른을 이길 수가 없잖아."

어젯밤에 본 보물 사냥꾼들은 모두 네 명이었다. 우리 둘이서 이길 수는 없었다. 기회를 엿봐야 했다. 어차피 목적은 보물이었다.

"보물 사냥꾼들은 이 섬에 자기들만 있다고 생각할 거야. 그러니까 우리가 몰래 보물을 빼돌릴 기회가 있을 거야, 분명히."

보물 사냥꾼들에게서 보물을 훔치는 것이 그들에게 할 수 있는 복수라고 생각했다. 어젯밤에 들은 얘기대로라면 그들이 아니고 우리 할아버지가 보물의 주인이었다. 할아버지가 숨긴 보물을 그들이 차지하려는 것이었다. 그러니 당연히 내가 다시 차지한다고 해서 잘못은 아닌 것 같았다.

"와! 멋지다! 이제 우리가 보물 사냥꾼이 되는 거야? 보물 사냥꾼의 보물을 훔치는 진정한 보물 사냥꾼!"

현민이는 들뜬 표정이었다.

"정신 똑바로 차려야 해."

"알았어. 우리는 이제 같은 팀이야. 절대 배신하지 않고 의리로 똘똘 뭉친 팀."

현민이가 입술을 꽉 깨물었다.

"산호야, 내가 뭐랬어. 고고 할아버지 이상했어. 왠지 느낌이 안 좋더라고."

나는 아무 대꾸도 하지 못했다.

"그런데 보물 이야기는 진짜일까? 보물을 실은 배가 병풍산 쪽이 아니라 이쪽으로 왔다는 거."

보물 사냥꾼이 나에게 했던 말은 모두 거짓말이었을까? 나도 궁금했다. 괜히 우리 할아버지였으면 하는 마음을 가졌던 것도 억울했다.

"우리 이제 가 봐야 하는 거 아니야? 보물 사냥꾼을 놓치면 안 되잖아."

현민이가 자리에서 일어서서 밖으로 나가려고 식당 문을 열었다. 나도 뒤따라가려고 일어섰다.

"산호야, 잠깐!"

현민이가 내 쪽으로 달려왔다. 식당 문이 닫히면서 쾅 소리가 났다. 현민이 발에 걸린 의자가 쿵 소리를 내며 넘어졌다.

"이쪽으로 와. 이쪽으로 온다고."

"뭐?"

"보물 사냥꾼들이 이쪽으로 온다고."

머리가 멍해졌지만 얼른 정신을 차렸다. 현민이와 나는 음식 재료를 보관하는 창고 안으로 들어갔다. 비좁았지만 서로 꼭 끌어안고 가만히 있었다.

보물 사냥꾼 일당이 식당 안으로 들어왔다.

"의자가 왜 넘어져 있어? 이 할머니도 어지간히 여행 가고 싶었나 보네."

간밤에 들었던 가는 목소리였다. 의자 끄는 소리가 들렸다.

"그럼 여기에 보물이 있다는 거야?"

이번에는 굵은 목소리였다.

"칼새! 나를 믿어 봐. 거의 확실해. 그 영감이 보물을 숨길 만한 데는 다 찾아봤어. 찾아보지 않은 곳이 딱 한 군데, 바로 여기야."

고고 할아버지의 목소리였다.

"그래도 그렇지. 천하에 검은턱수염이 여기를 왜 못 찾았을까?"

칼새였다.

검은턱수염? 예전에 뉴스에서 들었던 그 이름이 떠올랐다. 이름도 알려지지 않고 별명만 알려진 보물 사냥꾼. 보물 사냥꾼 중에서도 가장 유명한 사람이었다. 그러니까 내 눈앞에 있는 보물 사냥꾼이 바로 검은턱수염이었다. 얼굴 가득 수염이 가득했던 고고 할아버지의 모습이 떠올랐다.

"이 할머니가 식당을 비워야 말이지. 비워도 잠깐씩이니까 제대로 찾을 수가 없더라고. 게다가 괜히 의심받아서 보물을 눈앞에서 놓칠 수도 있잖아."

검은턱수염의 한숨 소리가 들렸다.

"식당 뒤에 항아리들이 모여 있는데, 혹시나 싶어 거기서 뛰어 봤지. 거기 보물이 있는 게 틀림없어."

"그걸 어떻게 알았어?"

가는 목소리가 물었다.

"조막손, 자네는 아직도 멀었어. 땅속에 뭔가 묻혀 있으면 그 위에서 뛸 때 나는 소리가 달라. 느낌도 다르고."

"그런가?"

"근데 여기저기서 뛰어 보는데, 이 집 꼬마가 갑자기 그쪽으로 오는 거야. 그때는 정말 깜짝 놀랐지."

검은턱수염의 느긋한 목소리였다.

"검은턱수염의 체면이 말이 아니었겠군."

조막손이었다.

"자네였다면 놀라서 뒤로 넘어갔을걸."

한꺼번에 웃는 소리가 들렸다.

"나 같으면 못 기다리고 확 땅을 뒤집어엎었을 텐데."

칼새였다.

"진짜 그러려고 한 적이 있기는 하지. 이 할머니가 여행을 안 가려고 하잖아. 자기 때문에 준비한 여행을 정작 본인이 안 가겠다니 눈이 뒤집힐 뻔했어."

검은턱수염의 목소리가 조금 높아졌다.

"잘못하면 영감뿐만 아니라 이 식당 할머니도……. 잠깐, 조용히 해 봐."

검은턱수염의 말과 함께 조용해졌다. 우리도 귀를 쫑긋 세웠다.

"바람에 창문이 흔들리는 소리야. 여기에는 아무도 없다고. 검은턱수염, 너무 예민한 거 아니야?"

"칼새, 자네도 나라면 별수 없을 거야."

그때 쾅 소리가 들렸다. 식당 문이 닫히는 소리였다. 누가 식당 안으로 들어온 것 같았다.

"여우눈, 이제 오나?"

"……."

의자들이 밀리는 소리가 들렸다.

"이제 시작하자고. 파야 할 곳이 어디야?"

"먼저 식당 뒤에 항아리 모아 둔 곳이 있는데 거기부터 파 보자고."

우르르 밖으로 나가는 소리가 들렸다. 나는 한숨을 내쉬었다. 이마에 땀이 줄줄 흐르고, 다리에 쥐가 날 것 같았다. 옆을 보니 현민이도 땀을 흘리고 있었다.

나는 창고 문을 열고 밖으로 고개를 살짝 내밀었다. 식당 안에는 아무도 없었다. 우리는 조용히 문 쪽으로 움직였다. 보물 사냥꾼 일당에게 잡히면 정말 죽을지도 모른다는 생각이 들었다. 손에 땀이 났다. 현민이도 나도 아무 말도 하지 않았다.

나는 식당 문을 조금씩 열었다. 삐걱 소리가 났다. 정말 천천히 문을 열었다. 고개만 겨우 빠져나갈 만큼만. 그리고 머리를 내밀어 주위를 살펴보았다. 아무도 없는 걸 확인하고 문을 조금 더 열었다. 나는 살며시 식당 밖으로 빠져나왔다. 뒤따라오던 현민이가 거의 빠져나왔을 때였다. 현민이가 문을 놓치는 바람에 식당 문이 꽝 소리를 내며 닫혔다.

우리는 누가 먼저랄 것도 없이 선착장 쪽으로 뛰었다. 뒤도 돌아보지 않았다. 선착장 가까이 와서야 뒤를 돌아보고 멈췄다.

"하아, 정말 죽는 줄 알았어."

현민이 얼굴이 바짝 굳어 있었다. 호기롭던 표정은 온데간데없었다. 나는 숨을 크게 몰아쉬었다.

"산호야, 저기 봐. 우리를 발견했나 봐."

저 멀리 식당에서 어떤 사람이 우리 쪽으로 오고 있었다. 나와 현민이는 다시 뛰었다. 부지런히 뛰느라 뒤돌아볼 수 없었

다. 하지만 헉헉거리는 소리 때문에 현민이도 무사히 따라오고 있다는 것을 알 수 있었다.

우리는 염전 할아버지의 소금 창고에 들어갔다. 창고 안쪽에는 소금이 가득 쌓여 있었다. 어둠 속에서도 소금이 하얀색이라는 것을 알 수 있었다.

"이제 어떡하지?"

현민이가 빤히 바라보았다.

"육지 여행이나 갈걸."

현민이는 정말 울기 직전이었다. 나는 가슴만 쿵쿵거릴 뿐 어떡해야 할지 알 수 없었다. 밖으로 나갈 용기도 나지 않았다. 밖에 보물 사냥꾼 일당이 서 있을 것 같았다. 보물을 찾는 계획은커녕 이 상황만 벗어났으면 하는 생각밖에 없었다.

7. 부엉이를 찾아서

소금에도 냄새가 있다는 것을 알았다. 서늘한 창고에서 나무와 소금이 묘한 냄새를 만들어 냈다.

우리는 소금이 조그마한 산을 이루고 있는 창고 안을 돌아다니다가 소금이 발에 밟히는 소리에도 놀랐다. 밖을 내다볼 수는 없어 가만히 귀를 기울였지만 아무런 인기척을 느낄 수 없었다.

보물 사냥꾼 일당은 어디 있을까? 식당에서 보물을 찾았을까? 찾았으면 배를 타고 멀리 떠나지 않았을까? 혹시 우리를 잡으려고 기다리는 것은 아닐까?

보물 사냥꾼 일당이 분명히 우리를 본 것 같았다. 이미 보물

은 필요 없었다. 보물 사냥꾼들이 우리를 찾지 말고 멀리 사라졌으면 좋겠다고 생각했다.

현민이와 나는 창고 벽에 기대어 앉아 있었다. 내 배에서 꼬르륵꼬르륵 소리가 났다. 힘을 주었지만 그래도 계속 소리가 났다.

"우리 나가 볼까?"

현민이는 대답 대신 나를 빤히 바라보았다.

"여기서 나가자마자 뒷산으로 가는 거야. 산에 올라가면 숨을 데도 많을 거야."

아무래도 산이 가장 안전할 것 같았다. 여행을 갔던 사람들이 배를 타고 돌아올 때 산에서 내려오면 될 것 같았다. 보물 사냥꾼 일당도 우리가 산에 올라가리라고는 생각하지 못할 테니까.

소금 창고 문을 조금 열자 햇빛이 염전에 반사되어 반짝거렸다. 나는 밖으로 나와서 주변을 살폈다. 아무도 보이지 않았다.

현민이를 바라보았다. 나는 현민이의 얼굴을 보며 생각했다. 현민이를 잊지 못할 것이라고. 현민이가 다시 도시로 돌아가도, 아니 어른이 되어도 잊어버리지 않을 것이라고.

우리는 동시에 뛰기 시작했다. 몇 초밖에 걸리지 않는 좁은 길을 지나는 일이 이렇게 어려울 줄은 몰랐다. 내가 앞서서 산 쪽으로 뛰어 올라갔다. 그쪽으로 산에 올라간 적이 없었지만 무조건 위로 올라갔다. 얼마쯤 올라가자, 숨이 턱턱 막혔다.

"야, 조금만 쉬었다 가자."

현민이가 바닥에 주저앉았다.

"우리 조금만 더 가자. 여기서는 아무것도 안 보여."

나는 다시 올라갔다. 뒤에서 아무 소리가 나지 않았다. 뒤돌아봤더니 현민이가 그대로 앉아 있었다. 그래서 다시 내려가 현민이 손을 붙잡았다.

"조금만 더 가자. 선착장이 보이는 데까지만."

현민이가 일어섰다. 우리는 다시 위쪽으로 올라갔다.

"저기 봐!"

현민이가 마을을 가리켰다. 세 사람이 우리가 숨었던 염전 쪽으로 오고 있었다. 보물 사냥꾼 일당이었다. 그들은 길을 정하지 않은 것처럼 주위를 두리번거렸다. 실랑이를 벌이는 듯싶었지만 곧 사라졌다. 소금 창고에 가려 보이지 않았다. 그들이 다시 나타나기를 기다렸지만 보이지 않았다. 소금 창고 안으로 간 것 같았다.

"소금 창고에 있었으면 큰일 날 뻔했어."

우리는 안도의 한숨을 내쉬었다.

"우리가 여기 있는 건 모르겠지?"

나를 바라보는 현민이의 이마에서 땀이 뚝뚝 떨어졌다. 나는 이마를 훔쳤다. 내 이마에도 땀이 흥건했다.

"더 깊숙이 가자. 우리가 섬에 남아 있는 걸 알고 있으니까 분명히 찾으려고 할 거야."

우리는 다시 걸었다. 정해진 길도 없었다. 무작정 위로 올라갔다. 마치 꿈을 꾸는 것 같았다. 아무리 생각해도 믿기지 않는 현실이었다. 현민이도 아무 말이 없었다.

"산호야, 우리 여기서 죽는 거 아닐까?"

한참을 걷다가 현민이가 던진 말이었다. 나는 아무 말도 하지 못했다.

"저 사람들은 우리가 섬에 있는 걸 알잖아."

"걱정 마. 아무리 그래도 여기를 어떻게 찾겠어? 사람들 돌아올 때까지만 기다리면 돼."

막상 그렇게 말을 했지만 걱정되기는 마찬가지였다.

"산호야, 우리 조금만 쉬었다 가자."

나는 걸음을 멈췄다. 우리는 누가 먼저랄 것도 없이 앞쪽에 보이는 소나무에 기대어 앉았다.

"보물 사냥꾼들이 보물을 찾았을까?"

현민이가 물었다. 나도 알 수가 없었다.

"찾았으면 마을을 돌아다니겠냐? 배 타고 갔지."

아무 생각 없이 말했다.

"그럼 우리를 찾으려고 하겠네. 자기들 얼굴을 봤으니까."

나는 현민이의 얼굴을 바라보았다. 문득 머릿속을 스치는 생각이 있었다.

"가자. 여기 있으면 안 되겠다."

"왜? 설마 여기까지 오겠어?"

"너, 지난번 병풍산에서 똥 밟았던 거 기억나?"

"그 얘기는 왜 꺼내?"

우리가 아무리 헐레벌떡 달려왔어도 분명히 사람들이 다니는 길로 온 거였다. 보물 사냥꾼들도 산을 오르다 보면 이 길을 알게 될 게 분명했다. 마음이 급해졌다.

다시 걸었다. 길이 아닌 곳으로 가려고 했지만 엄두가 나지 않았다. 그래서 자꾸 사람들이 다니는 길로 가고 있었다.

계속 걷다 보니 지치기도 하고 억울하기도 했다. 나쁜 쪽은 보물 사냥꾼들인데 우리가 도망을 다니고 있었다.

"산호야, 네가 친구라서 좋다."

뒤를 돌아봤더니 현민이가 씩 웃고 있었다. 눈이 반달을 그리고 있었다. 여유가 생긴 것 같았다. 나도 마음이 조금 편안해졌다.

한참을 올라갔더니 큰 바위가 나타났다. 전에 검은턱수염이 들려준 부엉이바위 이야기가 떠올랐다. 꽃섬에는 부엉이가 살지 않는다고, 하지만 부엉이바위가 낮이건 밤이건 꽃섬을 지켜 준다고. 검은턱수염은 육지에서 오다 보면 가장 먼저 보이는 것이 바로 부엉이바위라고 했다.

다른 곳은 나무며 풀이 자라고 있는데 이곳만 유난히 큰 바위가 있어 풀과 나무가 거의 없었다. 주변에 작은 바위들도 있었고, 여기저기 그늘도 많았다. 나는 바위 앞에서 멈췄다. 부엉이바위가 우리를 지켜 줄 것 같았다.

"부엉이바위다."

혼잣말하듯이 중얼거렸다.

"부엉이? 그냥 엄청 큰 바위잖아."

"부엉이바위가 틀림없어. 전에 들은 적 있어."

검은턱수염이 떠올랐다. 아직도 고고 할아버지가 보물 사냥꾼 중에서도 우두머리인 검은턱수염이라는 것이 믿기지 않았다.

"저기 선착장 보인다. 육지도 보이고."

이미 현민이는 부엉이 발쯤 되는 곳의 그늘에 앉아 있었다. 웃음이 나왔다.

"난 진짜 이제 한 걸음도 못 가. 나를 일으켜 세우려면 밥이

든 보물이든 둘 중 하나는 줘야 해."

현민이는 바위에 등을 기댔다. 나도 현민이 옆에 앉았다.

"야, 더워. 떨어져, 짱뚱어!"

"뭐? 짱뚱어?"

"아까 식당에서 들어 보니까 다 별명이 있던데. 넌 툭 튀어나온 눈이 짱뚱어 닮았으니까 짱뚱어!"

현민이가 다시 살아난 것 같았다. 현민이는 발을 쭉 뻗어 나를 밀어 내는 시늉을 했다. 나는 엉덩이를 들썩이며 움직이는 척했다.

"그럼 너는 쌍꺼풀이냐?"

기껏 만들어 낸 별명이었나.

"좋아, 난 쌍꺼풀, 넌 짱뚱어."

현민이가 키득키득 웃었다. 왠지 손해 보는 느낌이었다. 멋진 별명도 많은데 하필 짱뚱어라니.

"이게 무슨 날벼락이냐. 육시 여행 갔으면 지금쯤 실컷 놀고 있을 텐데."

나도 여행을 가지 않은 것이 후회되었다. 배도 고팠다. 할머니가 챙겨 놓은 점심이 눈앞에 아른거렸다.

"나 잘 테니까 배 들어오면 깨워 줘."

현민이는 눈도 반쯤 감았다. 나도 긴장이 풀려서 그런지 힘이 쭉 빠졌다.

바위에 등을 기대자 할머니 생각이 났다. 내 걱정을 하느라 할머니가 여행을 제대로 못 하고 있을 것만 같았다. 차라리 여행을 따라가는 게 나았겠다는 후회가 들었다. 보물을 차지할 줄 알았는데 어림도 없는 생각이었다.

몸은 늘어지고 움직이기도 귀찮았다. 눈을 감았지만 잠은 오지 않았다.

많고 많은 섬들 중에
꽃 같은 섬에 와서 꽃 같은 임을 만나
꽃같이 오순도순 살자고 약속했지요
부엉이 만나거든 내 임이 어디 있나 물어보구려
큰 소리로 외쳐 보오 내 임아 내 임아

나도 모르게 할머니가 부르던 노래를 부르고 있었다.

"뭔 노래야? 할머니, 할아버지 들이 부르는 노래 아니야? 시대에 뒤떨어지게."

현민이도 눈은 감았지만 잠이 오지 않는 모양이었다.

"옛날에 할아버지가 할머니한테 가르쳐 준 노래래."

"너희 할아버지 재밌다. 할머니한테 노래도 가르쳐 주고."

"할머니한테 들었는데, 이 노래는 우리 할아버지가 직접 만든 거래."

현민이가 아무 말이 없었다. 잠이 들었나?

나는 다시 노래를 불렀다. 할머니는 이 노래를 부르면서 할아버지를 생각했을 것이다. 나는 조그맣게 다시 부르고 다시 좀 더 크게 불렀다. 할머니가 보고 싶어졌다.

"잠깐!"

축 처져 있던 현민이가 벌떡 일어났다.

"다시 불러 봐."

현민이는 나를 똑바로 바라보았다. 느낌이 이상했다. 등에 찬바람이 지나가는 것 같았다.

"다시 불러 봐, 얼른."

막상 다시 부르려고 하니 쑥스러웠다. 그래서 조그맣게 불렀다.

"잠깐 멈춰 봐. 부엉이 나왔지?"

현민이가 '잠깐'이라고 해서 멈춘 게 아니라 그 큰 목소리 때문에 멈췄다.

"부엉이 나왔잖아, 부엉이."

"부엉이가 왜?"

나도 뭔가 이상하다는 생각이 들었다.

"이거 너희 할아버지가 만든 노래랬지?"

"확실해."

"지금 보물이 어디 있는지 알고 있는 사람은 너희 할아버지밖에 없잖아. 그런데 이 노래가 할아버지가 할머니한테 알려 준 노래라는 거 아니야?"

온몸이 서늘해졌다. 머리끝에서 발끝까지 얼음이 된 것 같았다.

"넌 천재야!"

진심이었다. 나는 노래를 부르면서도 전혀 생각하지 못했던 것들이었다.

"하나하나 보자고."

내가 노래를 부르고 현민이가 노랫말을 해석했다.

많고 많은 섬들 중에

"꽃섬 주변에 섬이 많잖아."

꽃 같은 섬에 와서 꽃 같은 임을 만나

"꽃 같은 섬은 꽃섬이고, 꽃 같은 임은 너희 할머니."
"우리 할머니 여기 오기 전에 만났어."
"그래도 임이면 너희 할머니밖에 없잖아."

꽃같이 오순도순 살자고 약속했지요

"할머니랑 사이좋게 살자는 뜻이고."
"맞아, 우리 할머니가 그랬어. 꽃섬에서 마음잡고 살기로

했다고."

부엉이 만나거든 내 임이 어디 있나 물어보구려

"부엉이, 그래 부엉이바위가 여기 있고. 내 임? 할머니가 어디 있나 물어보라고? 이상한데."

"혹시 임이 보물 아니야?"

"오, 맞아. 그럼 부엉이바위한테 물어봐야겠네."

큰 소리로 외쳐 보오 내 임아 내 임아

"보물아, 어디 있니? 내 보물 내놔."

현민이는 두 손을 모아 물어보는 시늉을 했다. 나는 웃음을 참을 수 없었다. 현민이도 멋쩍게 웃었다.

"산호야, 네가 부엉이 해 봐. 자, 내가 물어볼게."

나는 졸지에 부엉이가 되었다.

"부엉이야, 내 보물 어디 있니?"

현민이의 모습이 우스웠지만 웃음을 꾹 참았다.

"뭐? 뭐라고?"

딱히 뭐라고 할 말이 없었다.

"내 보물 어디 있어?"

현민이가 소리쳤다.

"입?"

아무래도 부엉이가 먹이를 먹는 곳, 그리고 움푹 파인 입이 보물을 숨기기에 적당할 것 같았다.

"저쪽이야!"

현민이와 나는 부엉이바위 위쪽으로 올라갔다. 위쪽에서 봤더니 생각보다 훨씬 큰 바위였다. 어디가 어딘지 구분하기가 쉽지 않았다. 우리는 바위 꼭대기까지 올라갔다. 꼭대기에는 나무와 풀이 많았다. 나는 발로 풀을 쓰러뜨리며 돌아다녔다. 그리고 부엉이의 생김새를 생각하며 조금씩 내려왔다.

"이쪽 어디가 분명한데."

"여긴가 봐. 여기가 입이야."

현민이가 주변을 살폈다. 한쪽에 유난히 새카만 바위가 버티고 있었다. 주변에도 작지만 새카만 바위들이 널려 있었다. 혹시 보물을 숨길 곳이 있나 샅샅이 뒤져 보았다. 작은 돌들은 하나하나 들추기도 했다. 하지만 보물을 숨길 곳은커녕 토끼 한 마리 들어갈 만한 굴도 없었다. 돌을 파서 숨겼을까 싶었지만 쉽지 않을 것 같았다.

지친 현민이와 나는 누가 먼저랄 것도 없이 바닥에 앉아 버렸다.

"입이 아닌가?"

아무래도 입은 아닌 것 같았다.

"산호야, 내 보물 어디 있어?"

"뭐?"

"내 보물 어딨어?"

현민이가 소리쳤다. 그 소리에 놀라 나도 모르게 두 손으로 귀를 감쌌다.

"귀!"

현민이와 나는 동시에 소리쳤다. 그리고 다시 부엉이바위 위로 올라가서 귀를 찾았다. 처음에 왼쪽 귀를 찾았지만 큰 바위가 있어 다가가기조차 어려웠다. 그래서 오른쪽 귀를 찾아보았다.

"여기 봐. 굴이 있어."

현민이가 소리쳤다. 가까이 다가갔더니 큼지막한 바위가 있었다.

"봐, 여기 굴이 있어."

바위 가장자리의 틈으로 굴이 보였다. 현민이와 함께 힘을 모아서 바위를 옆으로 밀어 보았지만 조금 흔들릴 뿐 움직이지 않았다.

"자, 한 번만 더 해 보자. 하나 둘……."

"애들아, 그건 우리가 도와주마."

등 뒤에서 어른 목소리가 들렸다. 나는 뒤를 돌아보고 그 자리에 주저앉고 말았다.

8. 선택

검은턱수염 일당이었다. 가까이서 보니 검은턱수염 옆에 서 있는 두 사람은 전에 우리 식당에 왔던 일본 사람들이었다. 아니, 일본 사람으로 착각했던 사람들이었다.

검은턱수염은 완전 딴사람 같았다. 나는 검은턱수염을 바라보지 않았다. 검은턱수염도 나와 눈을 맞추지 않으려는 듯했다.

모자를 쓴 사람이 칼새였다. 칼새는 우리를 한쪽으로 몰아 놓고 우리가 빼려고 했던 바위 쪽으로 갔다.

"조막손, 너도 힘 좀 써 봐."

검은턱수염이 말하자 조막손이 흠 헛기침을 하더니 바위를

잡았다. 조막손이라고 불리는 사람은 주먹이 찌그러져 있던 그 사람이었다. 칼새와 조막손 두 사람이 힘을 쓰자 바위가 조금씩 움직였다.

"영감이 힘도 셌네. 이걸 어떻게 끼워 놨대?"

"잔소리 말고 힘 좀 써 봐."

두 명이 한참이나 끙끙거렸다. 마침내 입구를 막고 있던 바위가 빠졌다.

"이런 곳을 생각하다니. 참 영리한 영감이야. 근데 왜 굳이 이런 곳에 보물을 숨겼을까? 힘들게."

칼새는 손에 묻은 흙을 털어 냈다.

"시간이 필요했던 거지. 보물을 어떻게 해야 할지 생각할 시간이."

"그럼, 집 깊숙이 숨기면 될 거 아니야."

"보물을 숨겨야 하는 곳을 알았던 거지, 그 영감이."

"하긴, 괜히 명성이 자자했겠어?"

칼새는 우리 할아버지를 아는 듯이 말했다. 혹시 할아버지를 아느냐고 물어보고 싶었지만 말이 나오지 않았다.

"여기서 만났을 때 알아챘어야 하는 건데. 정말 산소 자리 찾는 줄 알았네. 영감이 왜 그렇게 필사적으로 싸웠는지 이제 알겠네."

검은턱수염은 한숨을 쉬며 나지막이 중얼거렸다.

칼새와 조막손이 밀어 낸 바위를 아래쪽으로 굴렸다. 바위가 다른 바위에 부딪치는 소리가 들렸다.

"너희도 곧 똑같은 신세가 될 거야."

칼새였다. 모자 속으로 보이는 눈가에 칼자국이 선명했다.

"칼새야, 애들한테 무슨……."

검은턱수염이었다.

"뭐, 애들이라고 어쩔 수 있나? 이미 우리를 다 봤는데."

칼새의 말에 검은턱수염은 아무 대꾸도 하지 않았다.

검은턱수염의 턱에는 수염이 덥수룩했다. 수염은 턱뿐만 아니라 볼까지도 자라 있었다. 마치 숯으로 칠한 것처럼 보였다. 검은턱수염의 얼굴을 보고 있자, 할아버지가 생각이 났다.

할아버지는 보물을 숨기고 난 이후 검은턱수염을 맞닥뜨린다. 할아버지는 검은턱수염의 정체를 알고 있다. 검은턱수염도 할아버지에 대해 알고 있다. 검은턱수염은 할아버지를 붙잡으려고 한다. 할아버지는 필사적으로 도망치려고 하지만 검은턱수염의 완력을 당해 낼 수가 없다. 할아버지는 뒤로 밀리다가 그만 바위에서 발이 미끄러지고 만다.

상상만 해도 몸서리가 쳐졌다. 할아버지는 어떻게 되었을까? 혹시 저 밑에 아직 있는 것은 아닐까? 궁금증이 꼬리에 꼬리를 물었다.

"오! 이것 봐."

칼새가 굴에서 나무 상자를 꺼냈다. 시장에서 본 사과 상자와 비슷했다.

"거의 썩지 않았어."

나무 상자는 색깔만 시커멓게 변했을 뿐 썩지 않은 듯했다.

"자단목이야. 그래도 이렇게 썩지 않으려면 바람이 잘 통하고 습기도 없는 곳이어야 하는데. 대체 이 보물 상자를 어디서 찾았을까?"

검은턱수염은 고개를 갸웃거렸다.

"그래도 이 끈은 영감이 다시 달았나 본데."

칼새가 나무 상자에 매달린 끈을 만졌다.

검은턱수염이 상자 앞으로 다가갔다. 모두 검은턱수염의 손만 바라보았다. 검은턱수염은 능숙하게 손을 움직여서 상자 뚜껑을 열었다.

"오, 이 정도면 경주 금관보다 훨씬 더 쳐주겠는걸."

검은턱수염이 상자에서 빛바랜 종이로 둘둘 말려 있는 물건을 꺼냈다. 종이를 벗기자 그 안에서 푸른빛 도자기가 나왔다.

"청자정병이야."

아래쪽이 불룩하고 위쪽으로 갈수록 조금씩 가늘어지는 도자기였다. 그리고 중간쯤에 둥근 접시를 끼운 것 같은 모양이었다.

"와, 여기에 동전도 있어! 평생 먹고살 수 있겠는데!"

칼새는 상자 안을 들여다보고 소리쳤다.

"보물이 이것만은 아닐 텐데."

칼새가 혼잣말로 중얼거렸다. 아무도 대꾸를 하지 않았다.

"보라고. 원래 그대로가 아니고 종이로 다시 쌌다고. 분명 꺼냈다가 다시 포장했어. 분명 다른 곳에 또 보물이 있을 거야."

칼새가 말을 이었다.

"집어넣어. 빨리 내려가자."

검은턱수염의 목소리에 찬바람이 불었다. 칼새는 도자기를 나무 상자에 다시 넣고 뚜껑을 닫았다.

"조막손, 칼새!"

검은턱수염이 우리를 보고 고갯짓을 하자, 두 사람이 우리 쪽으로 왔다. 나를 붙잡는 조막손의 손은 어린아이의 손처럼 보드라웠다. 가까이에서 보니 손이 아주 작아서 다 펼쳐도 주먹을 쥔 것처럼 보였다. 조막손은 손수건 같은 것으로 내 입을 막으려고 했다. 나는 몸부림을 쳤다. 하지만 조막손의 힘을 당해 낼 수가 없었다. 손은 조그마해도 어른은 어른이었다.

"조막손아."

검은턱수염이 나지막이 부르자 조막손이 검은턱수염을 바라보았다.

"그냥 손만 묶어."

검은턱수염이 나와 현민이를 번갈아 바라보았다.

"애들이지만 우리 얼굴을 다 봤어. 그냥 바닷물에……."

현민이를 묶던 칼새였다. 정말 죽게 될지도 모른다는 생각이 스쳐 지나갔다. 하지만 눈물이 나오지 않았다. 이상하게 무섭지도 않았다. 그때 검은턱수염과 정면으로 눈이 마주쳤다.

"끌고 가자."

검은턱수염이 짧게 말하고 뒤돌아섰다.

"항상 깔끔하게 뒤처리하는 검은턱수염이 왜 그래?"

조막손이 중얼거렸다. 그러자 검은턱수염이 홱 뒤돌아보았다. 검은 턱이 실룩거렸다.

"알았어, 알았다고."

조막손은 더는 말을 하지 않고 나를 앞세웠다. 내 뒤로 현민이가 따라왔다. 그 뒤에는 칼새와 검은턱수염이 나무 상자를 들고 뒤따랐다.

"꼬맹아, 근데 어쩌려고 여기에 남은 거냐?"

조막손이 물었다.

"보물을 찾으려고 했던 거야? 오우, 기특하네."

나는 아무 대답도 하지 않았지만, 조막손은 쉬지 않고 말했다.

"근데 어떡하니? 검은턱수염으로 말하자면 말이야. 고고학자보다도 더 유명한 분이야. 우리나라의 소중한 문화재는 모두 검은턱수염의 손을 거치지. 너희, 검은턱수염을 본 것만 해도 영광인 줄 알아. 비록 잠깐이겠지만."

조막손이 하는 말에서 우리를 그냥 두지 않겠다는 것을 알 수 있었다. 기회를 봐서 도망가고 싶었지만 그럴 수 없었다. 뒤에 오고 있는 현민이와 눈빛을 주고받을 수도 없었다.

"조막손아, 여우눈은 어떻게 하기로 한 거냐?"

뒤에서 검은턱수염의 목소리가 들렸다.

"혹시 보물이 있을지 모른다고 다른 곳을 더 파 보겠다고 했어."

조막손은 조잘조잘 말이 많았다.

"누가 식당 손자냐?"

조막손이 물었지만 나와 현민이는 아무 말도 하지 않았다.

"그곳에 있는 항아리 다 깨려다가 참았다. 땅속에 김치 항아리를 잔뜩 묻어 놓으면 어쩌자는 거야. 우린 그게 보물인 줄 알고 열심히 파잖아."

조막손은 억울한지 말을 멈추지 않았다.

"아직 파고 있을지 몰라, 여우눈은."

"시간이 한참 지났으니 이젠 나왔겠지. 지금쯤 내려가면 선착장에서 기다릴지도 몰라."

칼새가 말을 받았다.

"참! 여우눈은 나중에 육지에서 만나기로 했어. 할 일이 남았다나 어쨌다나. 암튼 나중에 따로 연락한다고 했어."

다시 조막손의 목소리가 들렸다.

"여우눈은 항상 혼자 움직인단 말이야. 칼새야, 너 여우눈 좀 잘 살펴봐. 뭔가 있단 말이야."

검은턱수염이었다.

이야기하는 사이에 삼거리가 나왔다. 앞쪽은 식당 가는 길, 오른쪽은 선착장 가는 길이었다.

"검은턱수염, 얘들 어떡해?"

다시 조막손이 물었다. 나는 검은턱수염의 눈치를 살폈다. 검은턱수염의 말 한마디에 목숨이 왔다 갔다 하는 순간이었다. 조용했다. 바람 부는 소리만 들렸다.

"끌고 가자."

검은턱수염은 당장 우리를 죽일 생각은 아닌 것 같았다. 혹시 그동안 나와 친했기 때문이 아닐까 하는 생각도 들었다. 그때 뒤에서 현민이가 숨을 길게 내쉬었다.

"얘들을 데리고 어떻게 다녀? 애물단지가 될 거야."

조막손이 자꾸 보챘다. 정말 조막손의 입을 막고 싶었다.

"내가 알아서 할 거야. 그리고 여우눈은 안 온다며. 그럼 보트에 자리가 남잖아."

검은턱수염은 우리를 끌고 갈 모양인 것 같았다. 혹시 어디에다 파는 건 아닐까 하는 걱정도 되었다.

선착장에는 아무도 없었다.

"얼른 가자."

검은턱수염이 명령하듯이 말했다.

모두 선착장 아래로 내려갔다. 바닷물이 많이 빠져 있었다. 선착장에는 어젯밤에 보았던 고무보트가 우리를 기다리고 있었다.

손을 뒤로 묶인 채 뒤뚱거리자 검은턱수염이 나를 잡아 주었다. 나는 검은턱수염을 바라보았다. 검은턱수염은 묶었던 손을 풀어 주었다. 칼새는 우리가 도망갈지 모른다고 했지만, 검은턱수염은 육지에 도착했을 때 사람들이 의심할 수도 있다며 풀어 주었다.

검은턱수염은 아무 말도 하지 않고 턱으로 배를 가리켰다. 배에 타라는 것이었다. 나는 칼새 말대로 도망칠 기회가 있을지도 모른다고 생각하며 순순히 배에 올라탔다.

새카만 고무보트였다. 현민이 보트보다 크고 바닥도 훨씬 단단했지만 그래도 고무라서 말랑말랑했다. 제일 앞에 검은턱수염이 앉고 조막손이 중간에 앉아 보물이 든 나무 상자를 지켰다. 그 뒤에 나와 현민이가, 가장 뒤에는 칼새가 앉았다.

칼새가 시동을 걸었다. 그러자 큰 소리와 함께 연기가 났다. 보트가 조금씩 움직였다.

파도가 출렁이고 바람이 불었다. 고무보트는 미끄러지듯 앞으로 갔다. 바람이 일으키는 파도를 무시하듯 새로운 파도를 일으켰다. 불어오는 바람에 머리카락이 뒤로 넘어갔다. 이대로 모든 게 끝인가. 포기하면 안 된다고 생각했지만 나도 모르게 온몸에서 힘이 빠져나갔다.

보트가 점점 속력을 냈다. 나는 엉덩이를 움직이며 자리를 다시 잡았다. 잘못하다가는 미끄러질 것 같았다. 손으로 보트 옆을 잡았다. 고무인 데다가 물이 묻어서 미끄러웠다. 현민이를 보았다. 그러자 현민이가 나를 보며 씩 웃었다. 죽을지도 모르는 상황에서 웃다니.

현민이는 앞을 보더니 나를 보고 다시 웃었다. 무슨 영문인지 알 수 없었다.

"뭐?"

나는 나직하게 말해 봤지만 현민이는 웃기만 할 뿐 말이 없었다.

"산호야, 꽉 잡아."

갑자기 현민이가 소리쳤다.

검은턱수염 일당이 바라보았을 때 현민이는 이미 뒤쪽으로 가서 갈새를 밀고 있었다. 갈새는 휘청하더니 바다로 떨어질 뻔했다. 하지만 용케 중심을 잡았다. 현민이는 핸들을 잡고 이리저리 흔들었다.

"야, 이거 안 놔?"

칼새가 소리를 질렀다. 검은턱수염이 뒤쪽으로 오려고 했지만 고무보트가 기우뚱거리는 바람에 쉽지 않았다.

"조막손! 보물 상자 꼭 잡아!"

검은턱수염은 현민이 쪽으로 오는 대신에 조막손과 칼새에게 소리를 질렀다.

현민이는 핸들을 붙잡고 놓지 않았다. 오른쪽으로 고무보트가 기울었다. 나도 일어서려고 했지만 그럴 수가 없었다. 일어섰다가는 바로 바다로 빠질 것 같았다. 현민이도 고무보트를 조종하려고 핸들을 잡고 있는 것이 아니라 바다에 떨어지

지 않으려고 잡고 있는 것 같았다.

그때 보트 한쪽이 살짝 들렸다. 스윽 길바닥에 신발 끄는 소리가 났다.

칼새가 한 손으로 현민이를 붙잡고 다른 손으로 핸들을 잡았다. 잠시 후 배는 다시 안정을 찾았다.

"너, 미쳤어?"

분이 풀리지 않은 모양인지 칼새는 계속 씩씩거렸다.

"검은턱수염, 보라고! 내가 그랬지, 애물단지가 될 거라고. 하마터면 죽을 뻔했잖아."

조막손이 검은턱수염에게 따졌다. 검은턱수염은 우리를 한 번 바라보고 다시 앞을 보았다. 검은턱수염이 바다에 던지라는 말이라도 하면 우리는 꼼짝없이 바다에 빠질 상황이었다. 하지만 검은턱수염은 아무렇지도 않은 듯했다.

"빨리 가자. 저기 배가 온다. 조금 옆으로 돌아가자."

저 멀리 배가 보였다. 육지 여행을 마치고 돌아오는 모양이었다.

"어? 배가 왜 이래?"

그때 보트가 크게 원을 그리듯이 왼쪽으로 돌았다. 칼새는 당황스러운 듯이 핸들을 붙잡고 이리저리 흔들었다.

"그쪽으로 가면 배를 만나게 되잖아. 오른쪽으로 가!"

검은턱수염이 소리쳤다.

"나도 알아. 근데 이상해. 보트가 제 마음대로 움직여. 왜 이래?"

칼새가 정신을 차리지 못했다. 보트는 용난섬 쪽으로 나아갔다.

"왜 그래?"

뒤로 움직이던 검은턱수염이 바닥에 쓰러졌다. 하지만 비틀거리며 일어섰다.

"바람이 빠지고 있어!"

검은턱수염이 소리쳤다. 그러고 보니 내가 앉았던 쪽이 처음 탈 때보다 훨씬 말랑말랑했다.

굴 껍데기! 그렇다. 굴 껍데기가 보트에 구멍을 낸 것이었다. 현민이를 보았다. 현민이는 나를 보며 씩 웃었다. 하지만 손은 보트를 꽉 붙잡고 있었다.

바람이 점점 빠지면서 보트는 점점 작은 원을 그리며 돌았다.

"어? 꽉 잡아."

조막손이었다. 보물이 든 나무 상자가 왼쪽으로 쏠렸다. 조막손은 겨우 일어나 칼새 옆으로 자리를 옮겼다.

"차라리 보트를 버리고 저 앞에 있는 섬으로 가자."

칼새였다. 칼새는 더 이상 고무보트를 조종할 생각이 없는 듯했다. 그냥 핸들만 붙잡고 있었다. 뒤쪽이 반쯤 바다에 잠기자 엔진도 멈추고 말았다. 배는 점점 느려지기 시작했다.

바로 앞에 용난섬이 있었다. 눈앞에 보여서 금방 닿을 듯했다. 하지만 그래도 꽤 먼 거리였다.

“안 돼! 보물이 있잖아.”

검은턱수염이었다.

“지금 보물이 중요한 게 아니잖아. 이러다가는 우리 다 죽는다고.”

조막손이었다.

“안 돼, 어떻게 얻은 보물인데. 꽉 잡아.”

다시 검은턱수염이었다.

“버려야 해.”

조막손은 이미 나무 상자에서 손을 놓은 상태였다. 하지만 칼새는 검은턱수염의 말대로 끝까지 보물 상자를 붙잡고 있었다. 보트는 점점 기울었다. 왼쪽은 바람이 거의 다 빠졌지만 오른쪽에는 아직도 바람이 많았다. 그때 고무보트에는 공기주머니가 여러 개라는 생각이 들었다. 현민이를 바라보았다. 얼굴이 파랗게 질려 있었다.

“보물 상자 잘 지켜!”

반쯤 물에 잠긴 보트에서 검은턱수염이 우리가 있는 쪽으로 왔다.

나는 현민이 쪽으로 가려고 했다. 하지만 고무보트가 미끄러워서 움직이기가 쉽지 않았다. 바닷물이 입 속으로 들어왔다. 그 물을 겨우 뱉어 냈는데 이번에는 눈앞에서 바닷물이 물보라를 만들었다. 바닷물이 눈에 들어갔지만 나는 바닷물을 닦아 낼 수가 없었다. 한 손이라도 놓으면 고무보트를 놓칠 것 같았다.

"검은턱수염, 보물을 놔. 그러다가 다 빠져 죽어."

조막손이었다.

"안 돼! 이건 우리가 죽더라도 놓치면 안 된다고."

검은턱수염의 목소리가 갈라지고 있었다.

나는 눈이 따가워서 견딜 수 없었다. 그때 누가 내 손을 붙잡았다. 현민이였다. 나는 한 손을 현민이에게 맡기고 다른 손으로 눈을 닦았다. 그래도 따가웠지만 한결 나았다.

"산호야, 내 손 놓지 마."

앞이 흐릿흐릿했다.

"제발 보물을 놔."

조막손이 울다시피 했다.

"안 돼!"

검은턱수염의 목소리가 울려 퍼졌다.

"놓으라고!"

이번에는 칼새였다. 그때 퍽 소리가 들렸다. 검은턱수염과 보물 상자가 보트에서 떨어졌다. 보트는 완전히 멈췄다. 보트의 왼쪽 반은 물에 잠겼다. 우리는 공기가 들어 있는 부분을 겨우 붙잡고 있었다. 그때까지 현민이가 내 손을 붙잡고 있었다.

그때 나는 분명히 보았다. 치암산에서 우리를 바라보는 눈을. 부엉이바위는 보트에서 일어난 일을 전부 지켜보고 있었다. 부엉이바위가 꽃섬을 지켜 준다는 검은턱수염의 이야기가 떠올랐다.

힘이 빠져서 보트에서 손이 미끄러졌다. 나는 바닷속으로 잠깐 잠겼다가 다시 올라왔다. 다시 정신을 차리고 고개를 들었을 때 육지 여행을 떠났던 마을 사람들이 커다란 배 위에서 우리를 보고 있었다.

9. 다시 꽃섬

보물이 묻혀 있다는 소문이 떠돌던 꽃섬에서 실제로 보물이 발견되었습니다. 이 보물은 하마터면 보물 사냥꾼들의 손에 넘어갈 뻔했는데요. 두 어린이의 용감한 행동으로 지켜 낼 수 있었습니다. 이번 사건으로 보물 사냥꾼 세 명이 붙잡혔는데요. 사건 해결에 큰 공을 세운 어린이에 의하면, 범인은 모두 네 명이라고 합니다. 경찰은 도주한 한 명을 검은턱수염의 오랜 파트너 여우눈으로 추정하고 있으며, 그를 검거하는 데 모든 힘을 기울이고 있습니다.

이번에 처음으로 신분이 드러난 보물 사냥꾼 검은턱수염은 문화재를 훔친 혐의뿐만 아니라 몇 해 전 꽃섬에서 일어난 실종 사건에 연관되어 있다는 혐의도 받고 있습니다.

우리 마을에 수중 유물 기념비를 세우는 기념식에서 나는 현민이와 함께 어린이 유물 탐사대 회원증을 받았다. 우리 식당 이름도 보물섬 식당으로 바꿔 달았다.

그때 아빠와 엄마가 꽃섬에 왔다.

할머니는 엄마와 아빠한테 식당에서 같이 일하는 게 어떠냐고 물었다. 아빠의 표정으로 미루어 볼 때 가능할 수도 있겠다는 생각이 들었다. 아빠와 엄마가 꽃섬으로 오면 좋겠다.

현민이네 엄마와 아빠도 왔는데, 현민이를 당장 데리고 가고 싶어 했다. 하지만 현민이가 중학교 올라갈 때까지만 꽃섬에 있고 싶다고 하는 바람에 현민이랑 함께 지낼 수 있게 되었다.

마을 사람들 모두 나와 현민이를 칭찬해 주었다. 가장 기억에 남는 것은 염전 할아버지가 우리를 두고 "꽃섬에서 없어서는 안 되는 진짜 보물"이라고 말해 준 것이다. 더듬거리기는 했지만 알아듣는 데는 문제가 없었다.

참! 육지 여행은 생각보다 재미없었다고 했다. 온천까지는 괜찮았는데 그다음부터는 예약이 되어 있지 않았단다. 그래서 조금 일찍 돌아올 수 있었다고 한다. 아마 검은턱수염은 그 정도면 보물을 챙기고 도망가기에 시간이 충분하다고 생각했던 것 같다.

할머니는 뉴스에서 할아버지 소식을 처음 들었다. 나는 차마 용기가 나지 않아서 이야기를 할 수 없었다.

할아버지의 시신은 치암산, 아니 부엉이산 기슭의 땅속에서 발견되었다. 할머니는 서럽게 울었다. 할머니는 할아버지를 찾은 것만 해도 다행이라고 했다. 할머니는 곁에서 울던 나를 꼭 안아 주었다.

부엉이산 부엉이바위 밑에 할아버지 무덤을 만들었다. 부엉이바위가 할아버지도 지켜 줄 것이다.

할머니는 한동안 넋이 나간 사람처럼 우두커니 바다만 바라보았다. 가끔씩 할아버지가 알려 준 노래를 부르며 울기도 했다. 하지만 식당에 손님들이 많이 찾아오면서 할머니는 훌훌 털고 일어났다.

그리고 꽃섬에 다리가 놓이게 되었다. 다리는 육지에서 용난섬으로, 그리고 용난섬에서 꽃섬으로 이어질 예정이라고 했다. 다리를 놓으려면 적어도 몇 년이 걸릴 것이다. 다리가 놓이면 더 많은 사람이 찾아올 것 같았다.

"다리가 빨리 생기면 좋겠다."

현민이가 말했다.

"왜? 육지에 가게?"

"아니, 이 잘생긴 얼굴을 보러 더 많은 사람이 올 거 아니야. 아직도 날 보고 싶어 하는 사람이 줄 서서 기다리고 있을걸."

나는 어이없었다.

"그리고 보물섬 식당도 지금보다 훨씬 잘될 거 아니야. 안 그래?"

메뉴

다리가 생긴다면 우리 식당이 더 잘될 것 같기는 했다. 아빠와 엄마가 꽃섬에 살러 오는 것도 훨씬 쉬워질 것 같았다.

점심시간이 지나자 식당에 손님이 뜸해졌다.

"할머니, 잠깐 나갔다 올게."

식당 문을 열자 더운 바람이 안으로 들어왔다. 우리가 밖에 나가자 쾅 소리를 내며 식당 문이 닫혔다.

"너 때문에 우리 죽을 뻔했잖아."

현민이는 기어이 문에게 한마디 했다. 우리는 웃으며 선착장으로 뛰어갔다. 현민이네 할아버지의 배를 찾기가 어려울 정도로 배가 많았다.

나는 검은턱수염의 정체를 알게 된 날 숨어 있었던 큰 기름통을 찾았다. 나는 기름통 옆에 쭈그리고 앉았다.

현민이도 내 옆에 앉았다.

"보물이 또 있을까?"

현민이의 말을 듣고 보니 왠지 보물이 더 있을 것 같았다.

"있을 것 같아."

보물 상자가 하나만 있을 리 없었다. 그러니까 보물을 찾는 사람들이 계속 찾아오는 게 분명했다.

"참! 검은턱수염 일당 중에 여우눈은 아직 붙잡히지 않았잖아."

"아직도 꽃섬에 있는 거 아니야? 혹시 우리 뒤에?"

현민이가 말을 마치자마자 뒤를 휙 돌아보았다. 얼떨결에 나도 뒤를 돌아보았다.

"장난치지 마. 깜짝 놀랐잖아."

"복수하는 거 아니야? 무서워."

"말도 안 돼."

막상 말은 그렇게 했지만 걱정이 되는 건 사실이었다.

"참! 너 여우는 못 봤어? 그때 내가 여기 숨어 있을 때, 너 가고 나서 바로 여기로 왔는데. 어쩌면 길에서 만났을 수도 있을 텐데."

"아니, 전혀 기억이 안 나. 오히려 네가 볼 수 있었던 거 아니야? 이렇게 가까이에 있었는데."

"아니, 난 여기서 발만 봤어."

나는 힘없는 목소리로 말하고 말았다. 사실 발도 제대로 보지 못했다.

"너, 보물 찾으면 박물관에서 가져간다는 거 알았어?"

"아니, 전혀."

정말이었다. 나는 보물을 찾으면 비싼 값에 팔아서 엄마, 아빠와 함께 살 생각이었다.

"하긴, 그런 줄 알았으면 우리가 이런 일을 벌이지도 않았겠지."

"후원금은 받았잖아."

그래도 현민이는 아쉬운 모양이었다.

나는 다시 우두커니 바다를 보았다. 부엉이바위에서 칼새가 한 이야기가 떠올랐다. 분명히 칼새도 그렇고 검은턱수염도 할아버지를 알고 있었다. 할아버지는 어떤 사람이었을까? 할아버지도 혹시 보물 사냥꾼? 그럴 리가 없다고 생각했다. 하지만 자꾸만 생각이 그쪽으로 흘러갔다.

언젠가 그 비밀이 밝혀지는 날이 있을 것이다. 하지만 당분간은 나만 알고 있기로 했다.

"어! 저기 금방 봤어?"

현민이가 용난섬을 가리키며 소리쳤다.

"분명히 저기서 뭔가 반짝였어. 진짜야!"

"말도 안 돼!"

나는 그렇게 말하면서도 용난섬을 빤히 바라보았다. 하지만 반짝이는 바닷물은 있어도 용난섬에는 특별한 게 없었다.

"분명히 반짝였는데……."

"가자, 할머니가 찾겠다. 보물은 무슨 보물. 식당에 가서 용돈이나 벌자. 저녁이라 손님들이 많을 거야."

나는 자리에서 일어나 바지를 털었다. 우리는 식당으로 가는 길에 염전 할아버지를 만났다.

염전 할아버지는 칠면초 소금, 방풍 소금 같은 이상한 이름의 소금을 개발해서 유명해졌다. 그리고 염전 옆에 소금 박물관도 짓는다고 했다. 거기에서는 염전 할아버지가 개발한 소금을 전시하고, 소금도 팔 예정이었다.

전에 우리가 도망치며 숨었던 소금 창고는 이글루와 비슷한 소금 동굴로 만든다고 했다. 소금 동굴에 들어가면 소금의 좋은 기운 덕분에 몸이 건강해진다고 했다.

염전 할아버지는 염전 쪽을 가리키며 손짓했다. 우리는 보물 사건 이후 염전 할아버지와 친하게 지냈다. 그래서 손짓만 봐도 무슨 뜻인지 알아들을 수 있을 정도가 되었다.

"알았어요. 이따 놀러 갈게요."

염전 할아버지는 우리를 보고 웃었다. 옆으로 죽 찢어진 눈이 꼭 '난 수줍음이 많아요.' 하고 말하는 것 같았다.

식당으로 돌아와 문을 열고 들어서자 웬일로 손님이 아무도 없었다. 할머니의 노랫소리만 식당 안을 채우고 있었다.

•

옛날하고도 아주 머언 옛날
우애 좋은 다섯 형제가 살았죠
영원히 행복할 줄 알았지요

꽃잎이 하나씩 떨어지듯
푸른 바다 넘실넘실 춤출 때
형제들도 떠나기 시작하네요
나를 보러 와요
마지막 남은 나를 보러 와요
더 늦기 전에

현민이의 얼굴을 바라보았다. 현민이의 눈은 정말 동그랗게 변했다. 우리 둘은 동시에 외쳤다.

"용난섬!"

우리는 있는 힘껏 선착장을 향해 뛰었다.

뗏목을 타고 바다로 나가고 싶었던 아이

우당탕탕!

현관문이 열리자마자 책가방이 공중에서 몇 바퀴 돌더니 마주 보는 벽에 부딪히고 바닥에 툭 떨어집니다. 알루미늄 야구 방망이도 쇳소리를 내며 바닥에 떨어집니다.

"잉걸아, 잠깐! 바지에 묻은 흙은 털고 들어와."

이미 늦었습니다. 땀범벅에다가 옷에는 흙을 잔뜩 묻힌 아이가 눈앞에서 생글생글 웃고 있습니다.

"당신도 이랬어?"

아내가 동그란 눈을 하고 나를 바라봅니다.

초등학교 3학년일 때였을까요? 『로빈슨 크루소』를 읽고 한동안 잠을 설쳤습니다. 잠자리에 누워 실제로는 한 번도 본 적이 없는 바다로 뗏목을 타고 모험을 떠났습니다. 개울을 따라가면 강을 만나고, 그 강을 따라가면 언젠가는 바다가 나올 것이라 생각했습니다. 그러니 잠을 제대로 잘 수가 없었죠. 강에서 물살이 센 지역을 지나며 온 힘을 다해 뗏목을 운전하느라 진땀을 빼기도 했습니다.

그래서 결심을 했습니다, 정말 뗏목을 만들기로. 길가에 버려진 빈 기름통과 집수리를 위해 창고에 쌓여 있던 두꺼운 스티로폼으로요. 그리고 여기저기서 주워 모을 수 있는 통나무까지. 완벽했죠.

그래서 성공했느냐고요?

"어이구, 하라는 공부는 안 하고."

아빠의 불호령과 동시에 중단되고 말았습니다. 그래도 마음은 늘 모험 중이었습니다.

『보물섬의 비밀』은 뗏목으로 바다를 여행하고 싶었던 나의 이야기입니다. 아침에 일어나면 학교에 가고, 학교를 마치고 학원으로 향하는 차에 몸을 맡기고, 여러 학원을 돌다 지친 몸으로 돌아와 잠드는 아이들이 또 다른 세계에 대한 꿈을 꾸었으면 하는 마음도 담았습니다.

공주교대 동화 모임 '이야기 한톨'에서 같이 공부한 선생님, 특히 동화와 끈을 놓지 않게 도와주신 권혁준 교수님과 소중애 선생님에게 고마움을 전합니다. 모험에 동참한 첫째 가람이, 늘 다른 모험을 찾아 떠나는 둘째 잉걸이, 모험의 주인공이 되겠다고 떼쓰는 막내 해랑이, 그리고 늘 난파 직전인 배를 진두지휘하느라 애쓰는 아내 손수연 씨에게 고마움을 전합니다.

2015년 3월

신안군 증도 어느 민박집에서

유우석

창비아동문고 278

보물섬의 비밀—검은턱수염의 정체

2015년 3월 20일 초판 1쇄 발행
2024년 10월 22일 초판 8쇄 발행

지은이 • 유우석
그린이 • 주성희

펴낸이 • 염종선
책임편집 • 유병록
디자인 • 이은혜
펴낸곳 • (주)창비
등록 • 1986. 8. 5. 제85호
제조국 • 대한민국
주소 • 10881 경기도 파주시 회동길 184
전화 • 031-955-3333
팩스 • 031-955-3399(영업) 031-955-3400(편집)
홈페이지 • www.changbikids.com
전자우편 • enfant@changbi.com

ⓒ 유우석, 주성희 2015
ISBN 978-89-364-4278-1 73810

* 이 책 내용의 일부 또는 전부를 재사용하려면 반드시 저작권자와 창비 양측의 동의를 받아야 합니다.
* 책값은 뒤표지에 표시되어 있습니다. * KC마크는 이 제품이 공통안전기준에 적합하였음을 의미합니다.
* 사용 연령: 5세 이상 * 종이에 베이거나 긁히지 않도록 주의하세요.